H. W. Ottens

Allein mit Hund und Flinte

Allein mit Hund und Flinte

H. W. Ottens

Landbuch Verlag

Titelbild: Jürgen Weber, Hannover

Landbuch-Verlag GmbH, Hannover, 1991

Satz, Druck und buchbinderische Verarbeitung:
Landbuch-Verlag GmbH, Hannover

ISBN 3 7842 0443 0

Inhaltsverzeichnis

Vorwort

Die Absicht des Landbuch-Verlages, mit der Herausgabe dieses Buches die Erinnerung an Heinrich Wilhelm Ottens, allgemein „H. W. O." genannt, habe ich als folgerichtigen, ja dringend erforderlichen Entschluß begrüßt, handelt es sich hierbei doch um die erste Buchveröffentlichung nach dessen Tod vor nunmehr 20 Jahren, die diesen bedeutenden niedersächsischen Ornithologen, Naturschützer und Jäger angemessen würdigt und neue Einblicke in die Schaffenskraft eines überaus vielseitigen Schriftstellers gewährt; zudem sind einerseits die früheren, von Ottens selbst besorgten Buchtitel „Das Bilderbuch der Vögel" (Bände 1 und 2, Landbuch-Verlag 1961/1963) und „Am Rande der Stadt" (1967) seit langem vergriffen, „Neben der Fährte" (1960), neu aufgelegt worden (Landbuch-Verlag 1987), andererseits die in die Tausende zählenden Kurzberichte und Erzählungen in Tageszeitungen und Periodica naturgemäß kurzlebiger als Bücher.

Es war mir nicht vergönnt, ein Freund Ottens' zu sein; zu sporadisch waren die Begegnungen, zu groß der Altersunterschied, doch die Zusammentreffen mit ihm haben mich als jungen Jäger nachhaltig beeindruckt, und die begierige Aufnahme aller mir zugänginen Zeitungsartikel und Fachaufsätze aus der Feder dieses Mannes fügten sich mit den Jahren doch zu einem klaren Bild. Da ich durch eine glückliche Fügung in den Besitz eines Großteils der Ottenschen Fachbibliothek und Materialsammlung gelangte, fühle ich mich meinem „Lehrprinzip" in besonderer Weise verbunden und dem Landbuch-Verlag zugleich verpflichtet, dieses Vorwort zu schreiben.

H. W. Ottens wurde am 7. September 1895 in Hannover geboren. In dieser Großstadt durchlief der Nachfahre von Ackerbürgern in der Südheide bzw. Bauern und Handwerkern aus dem braunschweigischen Leineberglande Grundschule und Präparandenanstalt, kam über das Lehrerseminar in den Lehrerstand und wirkte von 1918 bis 1930 in Letter, Kleinheidorn, Kirchdorf a. D. und Eilvese, von 1930 bis 1953 in Hannover.

Von 1920 bis 1930 versah H. W. Ottens das Amt des Heimatpflegers und Naturschutzbeauftragten im Kreise Neustadt a. Rbge. 1924 war er Mitbegründer des „Niedersächsischen Jägerbundes" und von 1928 bis 1934 Schriftleiter der Zeitschrift „Niedersächsischer Jäger", die er – abermals als Schriftleiter – 1956 neu gründete. 1945 wurde er zum 1. Vorsitzenden des hannoverschen Vogelschutzvereins von 1881 gewählt, dem er seit 1906 angehörte.

1945 initiierte H. W. Ottens den neuen „Niedersächsischen Jägerbund" – 1947 war er einer derjenigen, die den „Deutschen Jägerverband – Britische Zone" ins Leben riefen, und 1949 einer der notwendigen sieben Gründungsmitglieder des „Deutschen Jägerschutz-Verbandes" in Bad Dürkheim. Als Vizepräsident vertrat er den Landesjagdverband Niedersachsen von 1945 bis 1957 und war Mitunterzeichner des Abkommens mit den alliierten Streitkräften über die Freigabe von Jagdgewehren in Köln. Von 1947 bis 1957 bearbeitete er im Präsidium des Deutschen Jagdschutz-Verbandes (DJV) die Naturschutzfragen.

H. W. Ottens war Inhaber der goldenen Verdienstnadel der „Schutzgemeinschaft Deutscher Wald", deren Vorstand er angehörte. Für seine Verdienste um das Weidwerk, die Jagdschriftstellerei und die Jägervereinigungen erhielt H. W. Ottens das DJV-Verdienstabzeichen in Gold.

Im Jahre 1909, erst vierzehnjährig, beginnt H. W. Ottens wissenschaftlich zu arbeiten, indem er „Die Vogelwelt der Leineniederung südlich von Hannover" erforscht. 15 Jahre später legt er, die Ergebnisse seiner Studien über diesen Zeitraum, eine 161 Arten umfassende Auflistung, der „Naturhistorischen Gesellschaft Hannover" vor. Diese Untersuchungen waren Grundstock ornithologischen Fachwissens und fruchtbare Schulung einer exzellenten Beobachtungsgabe und präzisen, schnörkellosen Darstellung von Entdeckungen und Erlebnissen, die das schriftstellerische Werk H. W. Ottens' auszeichnen.

Hier muß erwähnt werden, daß auch Hermann Löns mit 14 Jahren seine naturwissenschaftliche Arbeit begann und als sechzehnjähriger Obersekundaner dem Danziger Provinzialmuseum eine Aufstellung der in der Umgebung von Danzig-Krone von ihm beobachteten 130 Vogelarten übergibt. Diese frappante Parallele darf nicht als rein zufällig abgetan werden. Ohne Zweifel wurde der junge Ottens in seiner naturwissenschaftlichen Betrachtungsweise von Hermann Löns beeinflußt und in seinem jagdlich-literarischem Schaffen durch Werke aus der Feder des „Heidedichters" beflügelt. Der Schüler H. W. Ottens konnte praktisch regelmäßig im „Hannoverschen Anzeiger" Notizen und Essays des Reporters Hermann Löns lesen; in H. W. Ottens' Bibliothek befanden sich sämtliche Löns-Bücher, darunter viele Erstauflagen der Jahre 1909 bis 1913. Und schließlich kannten sich die beiden Männer! In den Jahren vor Ausbruch des ersten Weltkrieges trafen sie einige Male zusammen. Und als Hermann Löns 1914 bei Reims fiel, war Ottens gerade 19 Jahre alt geworden, befand sich also in einer Phase des Erwachsenwerdens, in der Vorbilder noch prägend wirken.

Um ein gerechtes Bild des Jägers H. W. Ottens zu zeichnen, bedarf es eigentlich eines gesonderten Buches – so zahlreich und unterhaltend sind die Erlebnisse und Anekdoten, die seine nachlebenden Weggefährten und Jagdgenossen in guter Erinnerung haben. Es würde vor allem ein humorvolles Buch. Diese Reminiszenz gebietet aber Beschränkung auf das Wesentliche.

H. W. Ottens war das Urbild eines Nimrod, doch weniger ein „gewaltiger" als ein leidenschaftlicher „Jäger vor dem Herrn"; ein von frühester Jugend an passionierter Weidmann, der im Sinne Ortega y Gasset's den todbringenden Schuß als unabdingbaren Abschluß menschlicher Jagdtätigkeit betrachtete, dem übrigen Drum und Dran des Weidwerks aber wesentlich mehr Zeit und Beachtung schenkte und demzufolge auch mehr durch seine profunden wildbiologischen Kenntnisse denn durch ballistische Kabinettstückchen glänzte – so wissen alte Weidgenossen zu erzählen.

Bereits im 14. Lebensjahr wurde der junge Ottens jagdlich aktiv. Da er nachweislich zu diesem Zeitpunkt auch mit tagebuchlichen Eintragungen begann, und sein Tagebuch – wie er selbst sagte – der Beginn seines schriftstellerischen Werdegangs war, wird deutlich, wie sich jagdliche Passion und das Verlangen, Naturerlebnisse unvergeßlich zu bewahren, von Anfang an verknüpfen und gegenseitig bedingen.

H. W. Ottens empfand Glückseeligkeit bei Wanderung, Pirsch oder Ansitz in stiller Natur, war aber zugleich ein sehr kontaktfreudiger, geselliger und unterhaltsamer Mensch, vielen schönen Dingen zugetan – im übrigen auch leiblichen Genüssen. Selbstdisziplin und Entschlußkraft zählten zu seinen Tugenden. Den ärztlichen Rat, sein Gewicht zu reduzieren, einer Herzschwäche wegen das Pfeifen- und Zigarrenrauchen aufzugeben, befolgte er von einem Tag zum anderen unwiderruflich.

Die jagdliche Ausbeute in H. W. Ottens' Jägerleben war natürlich ungewöhnlich reich, doch beeindruckender war sein Bekanntsheitsgrad, der weit über die Grenzen Niedersachsens hinausging. Diese Popularität war nicht allein durch die schriftstellerische Arbeit, die Mitgliedschaft in zahlreichen Vereinigungen und die viele Hundert zählenden Fachvorträge begründet; sie erwuchs auch aus einer regen Teilnahme und Mitarbeit bei Gesellschaftsjagden und Jägerversammlungen. Er war ein gerngesehener Gast und beliebter Redner mit geschultem Blick für jagdliches Ungemach, reichem Erfahrungsschatz und der Gabe, Kritik augenzwinkernd vorzutragen.

H. W. Ottens war Lehrer durch und durch, ohne schulmeisterhaft zu sein. So beliebt wie ehedem bei seinen Schülern der Grundschule in Eilvese war er später, und zwar bereits seit 1934, als Mitglied der Jägerprüfungskommission im Stadtbereich Hannover. Er konnte Fehler entschuldigen, sie sogar als „zwangsläufig ... in der Natur der Sache begründet" positiv werten. Diese sympathische Wesensart und sein ungezwungener Humor, der durchaus deftig sein konnte, ohne aber herablassend oder verletzend zu sein, waren die farbigsten Additive seines Naturells, die ihm den Umgang mit erwachsenen Schülern und erfahrenen Diskussionsgegnern erleichterten.

Unvergessen ist mir die Urteilsverkündung meiner Jägerprüfung; H. W. Ottens führte aus: „Sie, die Sie hierher schriftlich eingeladen wurden, haben alle bestanden. Zwar finden sich unter Ihnen auch schon einige Beinah-Abschußböcke ..., aber ich gratuliere ..., und Ricke und Schmalreh sind auch durchgekommen ...!" (Zwei Damen, Mutter und Tochter, waren damals die einzigen weiblichen Kandidaten).

Von hoher Gestalt, starkknochig und breitschultrig war H. W. Ottens bereits optisch auffallend in Jägerrunden, obgleich zweckmäßig-schlicht und immer jagdgrün gekleidet. Seine sonore, aus beeindruckende Vollbart ertönende Stimme, Jagdrucksack, Hund und der schwere raumgreifende Schritt vollendeten die imponierende Erscheinung dieses Homo venator, der so ganz das Gegenteil moderner versandkatalog-gekleideter Hobbyjäger war.

Technischen Errungenschaften seiner Zeit war der Naturfreund und Schollenmensch Ottens nicht besonders zugetan. Die naturhaft in die Landschaft eingegliederte Ansitzleiter behagte ihm mehr als die komfortable Kanzel. Er besaß weder jemals ein motorgetriebenes Fahrzeug, noch irgendeinen Führerschein. Das Fahrrad war ihm gut genug für Wege, die er nicht zu Fuß meistern konnte oder wollte. Zur Jagd wurde er ohnehin meist von seinen zahlreichen Freunden und Gönnern mitgenommen, und in der niedersächsischen Landeshauptstadt stand ihm die Stadtbahn zur Verfügung. Der in sehr aufrechter, fast majestätischer Haltung radelnde Ottens war ein über Jahrzehnte bekanntes Bild im Stadtteil Kirchrode, wo er von seinem Haus in der Steinbergstraße zum Straßenbahndepot fuhr. Dort bestieg er die Linie 5 zur Innenstadt – zumeist, um im Anzeiger-Hochhaus seine Manuskripte abzuliefern.

Nicht einmal eine Fotokamera legte sich H. W. Ottens zu. Dieses für die Naturwissenschaft und vor allem Ornithologie notwendige Requisit war ihm zu kompliziert in der Handhabung, zu störend und hinderlich bei Pirsch und Wanderung, zumal eine Hand durch den Hund gebunden war, denn der vierbeinige Weggefährte war ihm nun wiederum unverzichtbar. H. W. Ottens führte in seinem Leben Deutsch-Kurzhaar, Teckel und den Deutschen Wachtelhund, und es bedarf wohl keiner weiteren Erläuterung, daß er ein Hundekenner und einfühlsamer Hundeführer war.

Man mag mutmaßen, daß ein fotografierender Ottens uns niemals Naturschilderungen und vogelkundliche Mitteilungen in derartiger Fülle, Sorgfalt und Ausführlichkeit hinterlassen hätte, und darüber nachsinnen, ob der heranwachsende Mann mangels eines Fotoapparates oder erforderlicher technischer Begabung zu dieser Leistung gezwungen wurde, oder ob er schon früh um sein schriftstellerisches Talent einer detailhaften, präzisen und zugleich farbigen Naturbeschreibung wußte und deshalb auf das „Knipsen", wie er es gelegentlich nannte, verzichtete. Fest steht, daß uns dieser meisterhafte Seher und Erzähler sprachliche Abbildungen von Landschaften und ihren Stimmungen, von Tieren und ihren Stimmen zeichnete, die eine fotografische Bebilderung entbehrlich machen.

Wenn auch das „Bilderbuch der Vögel" letztlich durch seine Illustrationen – es enthält weit über hundert Meisterfotografien von zahlreichen Tierfotografen aus aller Welt – zu einem Prachtwerk wird, so bleibt doch der ausschließlich von H. W. Ottens verfaßte Text allemal gewichtiger als das schmückende Beiwerk. Dies gilt sowohl hinsichtlich des inhaltlichen Umfangs wie der erzählenden Darstellungsweise. Durch den flüssigen, ungekünstelten Stil, den Gebrauch prägnanter Verben, farbiger Attribute und Metaphern entstehen höchst einprägsame Bilder, und der ornithologisch interessierte Laie genießt und lernt gleichsam unbewußt.

Der Vorzug der „schreibenden" Ornithologie liegt ja gerade darin, die für das Verständnis und die Artendifferenzierung wichtigen Formen-, Farben- und Verhaltensmerkmale besonders hervorheben zu können und vor allem Verhaltenssequenzen, wie z. B. Anflug zum Nest – Füttern der Jungen – Entfernen der Kotballen – auf engstem Raum ohne technische Hilfsmittel darstellen zu können. Und mehr noch: Nur mittels phonetischer Transskription – und diese beherrscht H. W. Ottens mit den eingestreuten „Stipint-Ei!", „Tscherrp-Tscherrp", „Sit-Sit" und anderen Lautschöpfungen meisterhaft – lassen sich Vogelstimmen wie Tierrufe überhaupt im Rahmen fachlicher oder unterhaltender Literatur wiedergeben.

Um nicht mißverstanden zu werden sei hier angefügt, daß H. W. Ottens die Tierfotografie durchaus schätzte, auch ihren wissenschaftlichen Beitrag anerkannte und beispielsweise Hans Laßwitz und Frank Wenzel, Experten der Vogelfotografie seiner Zeit, freundschaftlich verbunden war.

Was uns an jagdlichen Themen aus der Feder H. W. Ottens' vorliegt, ist zwar zum größten Teil der Unterhaltungsliteratur zuzuordnen, doch tritt in diesen hundert und aber hundert Erlebnisberichten und Betrachtungen das eigentliche Jagdgeschehen meist stark in den Hintergrund.

Das heißt, Ottens widmet dem Nachstellen und Erlegen des Wildes weniger Zeilen als der Schilderung landschaftlicher Stimmungen, menschlicher Charaktere, tierlichen und besonders jagdhundlichen Verhaltens und abendlicher Geselligkeit in Jagdhütten. Somit sind eigentlich alle seiner Erzählungen auch für den Nichtjäger lesenswert und geeignet, im Pro und Contra der Fronten ein wenig zu vermitteln.

Im übrigen hat H. W. Ottens ja nicht nur für den „Niedersächsischen Jäger" gearbeitet, sondern viele feuilletonistische Beiträge für niedersächsische Tageszeitungen verfaßt – so, wie es zur Jahrhundertwende Hermann Löns tat, der als „Fritz von der Leine" für das „Hannoversche Tageblatt" und den „Hannoverschen Anzeiger" schrieb.

Und Hermann Löns folgt er auch in seinem offensichtlichen Bemühen, dem Nichtjäger die Empfindungen des Jägers nahezubringen, dem Jäger hingegen die Sinne auch für die kleinen Dinge am Wegesrand zu schärfen und das Verständnis für die komplexen Wirkungsgefüge der Natur, die bereits „Am Rande der Stadt" erkennbar sind, zu wecken . Die in diesem Buch zusammengetragenen Erzählungen werden das sicher verdeutlichen und uns darüber hinaus die tiefe Verbundenheit des Schreibenden mit der dargestellten Welt spüren lassen.

In vielen fachlichen Stellungnahmen setzt sich H. W. Ottens mit der zeitgemäßen Jagdpraxis durchaus kritisch, wenn letztlich auch rechtfertigend auseinander. Er ist der Vertreter einer ethischen Jagdauffassung und einer Hege im Sinne einer planvollen Bejagung, das heißt einer gesetzlich geregelten Nutzbarmachung von Wildtierarten, der eine wesentliche Funktion im Natur- und Artenschutz zukommt.

Stets war es sein Anliegen, die Zusammenhänge zwischen Naturschutz und Jagd als „integrierten Artenschutz" klarzulegen und die Synthese zwischen diesen nur scheinbar unvereinbaren Gegensätzen besonders auf Verbandsebene

13

voranzutreiben. Er ist somit den von Hermann Löns eingeschlagenen Weg fortgeschritten bis in die neuere Zeit.

Nicht unerwähnt bleiben darf im Rahmen dieser Betrachtung Ottens' Beitrag zur Chronik des niedersächsischen Bauernstandes und vor allem der bäuerlichen Jagd, wie sie von Hermann Löns Jahrzehnte zuvor begonnen wurde. Zwar nehmen sich die zahlreichen Kurzgeschichten recht bescheiden aus neben Löns' Epen des Heidbauerntums, aber die vielfältigen Themen – Hungersnot, Erbfolge, Wilderei, Brandstiftung und Förstermord – und die authentisch-lebendige Schilderung menschlicher Charaktere und Schicksale machen diese Darstellungen gesamthaft zu einem zeitgeschichtlichen Dokument besonders der wirtschaftlichen Notzeiten der Landbevölkerung in der ersten Hälfte unseres Jahrhunderts.

Vielleicht war es H. W. Ottens' Absicht, in der Runde seines späten, jagdlich nicht mehr ausfüllbaren Lebensabends ein Werk in epischer Breite zu schreiben oder eine Autobiographie auf der Basis seines seit 1909 geführten Tagebuches. Es war ihm und uns Nachlebenden nicht vergönnt, er starb am 7. Februar 1970 im Alter von 75 Jahren in Hannover. Aber dankbar können wir darüber sein, noch immer aus der Fülle seiner Manuskripte schöpfen zu können, insbesondere dem Landbuch-Verlag Hannover, der mit dem vorliegenden Buch Heinrich Wilhelm Ottens posthum ehrt.

Dr. Peter K. W. Meyer

Entenbirsch

„Wo willt Sei denn hen? Sünd Sei denn dull? Bi düsse Külle up Jagd? Nä, nä, de Kierl is verrückt! Kann hinnern Aben sitten un Zigarren smöken, soveel as hei will – aberst nä, hei mot rut! Sei holt sick ja den Dod bi düssen scharpen Ostwind!"

Lachend klopfe ich Dierkings Vader, der mir diese Standpauke hält, auf die Schulter. Bis an die Nasenspitze ist der gute Alte in warme Tücher verpackt, und die hellen Tränen treibt ihm der scharfe Ost aus den Augen. Ich weiß, daß er's gut mit mir meint. Aber als ich ihn dann lauernd frage, ob er mit will, da wehrt er entsetzt ab und macht schleunigst, daß er weiterkommt. Noch im Weggehen höre ich, wie er kopfschüttelnd vor sich hinmurmelt: „Düsse dulle Kierl!"

Was schert mich der Frost? Ob das Thermometer nun fünf oder zwanzig Striche zeigt, ist mir ja ganz allerlei. Denn wenn die Kälte einen gewissen Grad erreicht hat, wird der Mensch unempfindlich für das „Noch mehr", und diese Grenze ist, glaube ich, für mich schon bei minus fünf Grad Celsius erreicht.

Und der Ostwind? Gibt es wohl einen besseren als diesen frischen Gesellen? Alles, was weichlich und krank und faul ist, jagt er zum Teufel – und uns Jägern beschert er das Schönste, was es außer der Sauhatz an winterlichem Weidwerk gibt: die Entenbirsch.

Längst sind die Tümpel und Teiche und Dorflöcher, wo den Sommer und Herbst über die Langhälse so gern gründeln, mit starker Eisdecke überzogen. Nur die Flüsse sind noch offen. Da liegt nun alles, was Ruder und Breitschnäbel hat – und so lange die Entvögel dort noch überall freies Wasser haben, leiden sie keine Not, und die Jagd auf das scheue Wild ist weidmännisch und darum erlaubt.

Wie eine bleigraue Schlange kriecht der Fluß durch die fahlgrünen Wiesen, laubloses Weidengebüsch und trockene Schilfhorste weisen ihm seinen Weg. Tief ist der Wasserspiegel gesunken, und überall sind die Löcher und Höhlen unter dem Wurzelwerk frei. Und gerade dort liegen die Enten gern, zumal, wenn die starke Strömung da kein Randeis aufkommen läßt und allerlei Zeug an das Ufer schwemmt, was den Langhälsen mundet. Aber auch da, wo das Wasser mit glitzernder Kruste am Rande des Flusses überzogen ist, sitzen sie gern, vorzüglich um die Mittagsstunden, wenn die spärliche Wintersonne ihr bißchen Wärme spendet.

Wie ruscheln die Fahnen der toten Schilfhalme im Wind! Wie raunt es im fahlen Geäst der Ellern und Weiden – wie gurgeln und murmeln die Wasser, wie knirschen die treibenden Schollen im Strom! Das ist das Lied, das ich so gern höre, wenn ich, den Drilling in der Faust, dem stöbernden Wachtel das Ufer entlang folge . . .

Da ist die Krümmung! Einen großen Bogen schlage ich, um dann senkrecht zum Fluß das Steilufer anzugehen. Noch fünfzig, noch vierzig, noch dreißig Schritt! Längst liegt der Hund, dem leisen Winke gehorchend, am Boden, starr nach dem Wasser sichernd. Und nun – Laufschritt marsch, marsch! Brrr – zwanzig Grünhälse steigen brausend und angstvoll pakend aus der graugelben Flut – zweimal rollt der Donner des Schusses über die Wiesen bis an den fernen Wald – zweimal spritzt das Wasser hoch auf – zwei prächtige Stockerpel schlagen da unten mit den Schwingen zum letztenmal . . .

Wie der Blitz ist der brave Hund in den Wellen. Sicher und ruhig steuert er zwischen dem Packeis den träge abtreibenden Enten nach. Nun bringt er die erste – rasch laufe ich hundert Schritte mit ihm am Ufer flußabwärts, dorthin, wo die Strömung den toten Erpel ganz dicht an die Weiden bringt – und drei Minuten später habe ich auch diesen am Galgen.

16

Weiter geht es am Strom entlang. Ein graubraunes Vögelchen huscht im Gesträuch vor mir weg. Sieh da, ein Rotkehlchen! Wie kommt dies zarte Kerlchen in die Winterwildnis? Was hielt es zurück, im Herbste den anderen Geschwistern nach sonnigen, südlichen Ländern zu folgen? Ganz nah läßt es mich nun herantreten; furchtlos blickt es mit großen, schwarzen Perlaugen auf die fremde Gestalt. Sei mir willkommen, du Bote des Frühlings! In Eis und Schnee weckst du im Herzen die Hoffnung auf kommende Wonne, wenn heimliches Weben im Lenzwald die Knospen sprengt und in der Dämmerung der traute Vogel mit dem langen Gesicht um die Ellern streicht.

Am nächsten Bogen schaue ich vorsichtig um die Ecke. Himmel, was liegt da an Entvögeln auf dem Wasser! Weit über hundert mögen's wohl sein. Aber verteufelt schwer ist es, heranzukommen. Weit und breit ist das Ufer kahl; die Strombauverwaltung hat bestens dafür gesorgt, daß kein armseliger Busch Deckung bietet. Aber ganz einerlei – heran muß ich, und da hilft eben nichts als – kriechen.

Zunächst lege ich mal auf dem Rucksack meinen Rüden ab, decke den Mantel darüber und schiebe mich dann wie ein Seehund hinter dem Sommerdeich her. Bislang ist's nur Kinderspiel – aber jetzt wird es ernst, denn nun muß ich wohl oder übel über die kahle Deichkuppe. Hier geht es nicht, da würden mich die alten Grünköppe, die so verflixt gut äugen, bald weg haben, schnell ihre Wissenschaft in die Welt hinausprahlen und den ganzen Flug, wer weiß wohin, mit auf die Reise nehmen, ohne daß ich etwas davon habe. Und so ganz umsonst soll die elende Kriecherei denn doch nicht gewesen sein.

Aber da ist ja die Schleuse! Wie wär's, wenn ich mich dort über den Deich schiebe?

Gedacht – getan. Die Sache läßt sich besser an, als ich zuerst glaubte. Hinter den grasumwucherten Pfählen komme ich richtig auf die Kuppe, rutsche mit elegantem Bogen auf der anderen Seite in die Delle – nur gut, daß der

Graben gefroren ist und das Eis hält! – verschnaufe ein wenig, schlängele mich dann hinter den Maulwurfshügeln nach vorn an den Fluß, erst langsam, dann schneller, und richte mich nun rasch zu voller Größe auf.

Hui, wie fährt da auf einmal der Schrecken unter das Entenvolk! Entsetzt will die ganze Gesellschaft von dannen, hundert, nein, zweihundert Kreuze sind auf einmal vor mir in der Luft – und es klingelt und läutet von stahlhartem Schwingenschlag. Nur ein Erpel ist so verdattert, daß er den richtigen Anschluß verpaßt, und das ist sein Tod. Kaum fünf Fuß kommt er aus dem Wasser hoch – dann werfen ihn schon die Schrote zurück. Um noch hinter den anderen herzufeuern, ist es schon zu spät. Heil und gesund braust das Schoof davon.

Schon ist der Wachtel heran. Nein, hier darf er mir nicht in den Fluß hinein! Überall ist das Randeis über drei Meter breit! – der sichere Tod wäre es für den Hund, wenn ich ihn da in die Wellen schicke. Zurück bis zur nächsten Krümmung! Da kommt ja die Ente schon an! Ein Satz in die Flut, und wassertretend läßt sich der tapfere kleine Kerl die Beute gerade in den Fang hineintreiben. Weit beuge ich mich über den Steilhang hinab, ein fester Griff in das Nackenfell, und mein Hund ist auf sicherem Boden.

Noch einmal muß der Rüde hinein in das eisige Wasser. Den fünften Erpel kann er mir aber aus den Büschen holen, gerade als der Geflügelte in den Strom hineingleiten will, wo er mir unter dem Randeise sicher verloren ist, denn wenn es der kranken Ente gelingt, das Wasser noch zu erreichen, dann taucht sie gleich eine Strecke weit weg und kommt meist im Weidicht erst wieder hoch, manchmal auch drüben am anderen Ufer. Und das kann oft lange dauern, vor allem, wenn der kluge Vogel merkt, was ihn da oben erwartet. Auf eine kranke Ente muß man darum schießen, solange sie noch eine Feder rührt. Sonst hält nächtlicherweise Reineke Rotvoß Nachsuche, und der besorgt das gründlich.

Entensuche am Eiswasser ist ein herrliches Weidwerk, wenn man keine Kälte und klamme Finger scheut und – den Hund dazu hat. Im anderen Falle aber ist es Aasjägerei. Und zum Totschießen allein und zum Verludern sind die prächtigen Vögel denn doch zu schade!

Ich könnte ja nun noch weiter suchen, denn noch ist die Sonne am Himmel. Aber fünf Erpel am Galgen sind mir genug. Man darf nichts übertreiben, auch die Entenbirsch nicht, sonst geht der Genuß verloren. Und schließlich muß auch der härteste Hund zu Schaden kommen, wenn er mehr als ein halb Dutzend Mal die Beute aus eisiger Flut holen muß. Der brave Kerl achtet in überschäumender Jagdleidenschaft nicht darauf, daß zuletzt das kalte Wasser auch durch das dichteste Haar bis auf die Haut dringt und dem Körper zuviel Eigenwärme entzieht – er springt immer wieder hinein zwischen die treibenden Schollen. Um so mehr muß der Jäger vernünftig sein, wenn er in seinem treuen Gehilfen nicht nur den – Hund sieht.

Unter dem Walde her mache ich mich auf den Heimweg. In tollen Sprüngen umtanzt mich mein Hund, und bald ist seine Decke wieder trocken. Ich pfeife ihn auch nicht ab, als er in der Hecke einen Hasen herausstößt und lautlos über die Wiesen hetzt, heute ist mir's nur lieb, wenn der brave Kerl recht viel Bewegung hat. Und Lampe nimmt solch eine lustige frischfröhliche Reise auch nicht weiter übel – der sitzt morgen bestimmt wieder in seiner alten Sasse.

Krähen rudern in großen Zügen mit ruhigem Schwingenschlag durch den Abend. Dort, wo die Sonne nun untergegangen ist, leuchtet der Himmel in feurigem Rot. Wie eine schwarze Mauer stehen die Berge vor dem fernen Glühen. Weit weg pfeift ein Zug. Bitterkalt ist die Luft. Bald wird die Nacht mit sternenbesätem Flügel aus den Gründen heraufsteigen und den sterbenden Tag zur Ruhe bringen . . .

Auf die Quäke

Der Ostwind bläst durch Mark und Knochen. Wo er sich richtig austoben kann, ist es vor Kälte kaum auszuhalten. Kein Wunder, daß da die Wiesen blank und die Felder leer sind! Kein Stück Wild verläßt bei diesem Wetter die schützenden Dickungen, und jeder Ansitz an der Waldkante ist für die Katz. Ich bin darum heute früh gar nicht erst auf die Kanzel am Felde geklettert, weil ich aus langer Erfahrung weiß, daß ein Ansitz dort völlig zwecklos ist. Auf den Hochsitz am Gestellkreuz im hohen Holz habe ich mich gesetzt und dort außer einer Ricke mit ihrem Kitz ein Rudel Rotwild, wenn auch außer Schußweite, gesehen – die Hauptsache aber war, daß ich im Grauen des jungen Tages zwei Füchse in die Küstertannen hineinschnüren sah. Diese beiden Rotröcke will ich mir jetzt einmal, wenn es geht, vors Rohr zaubern.

Im großen Bogen umschlage ich die große, verfilzte Dickung, die im Volksmunde den Namen „Küstertannen" trägt. Warum sie so heißt, weiß ich nicht. Tannen – besser gesagt: Fichten – gibt es darin zwar auch, aber sie spielen in der Bestandszusammensetzung nur eine untergeordnete Rolle. Bürstendichte Kiefern, Porst, Birken und Ellern, dazwischen Brombeeren und auf den Froststellen gelbes, hohes Schmielengras: das sind die Pflanzen, die im wilden Durcheinander die „Küstertannen" bilden. An der einen Seite grenzt die Heide, gegenüber das hohe Fuhrenaltholz an die Dickung; die dritte Seite läuft in eine schmale Zunge vor der Waldwiese aus, während die letzte sich ohne sichtbare Grenze im Moor verläuft.

Im Hochholz steht der Wind heute gut für mich. Stur weht er von der Dickung her; ohne Sorge kann ich mich bis an den Jagdschirm schleichen, den ich mir dort schon vor

Monaten aus alten Fuhrenbraken, Moos, Fichtenzweigen und Fahlholz zwischen einem alten Wurfboden und einem gestürzten Stamme zusammenbaute. Damals wollte ich hier einen heimlichen Bock überlisten – noch jetzt sind überall die Fegestellen zu sehen, die der geriebene Bursche schlug – aber der Bock war mir über, er lebt heute noch. Jetzt kommt mir der Schirm, den ich seinetwegen baute, zugute.

Ganz leise mache ich's mir bequem, brenne einen Tabak an und lege den Drilling schußgerecht zwischen die Astgabeln. Der Fuchs ist verflixt hellhörig, und selbst bei diesem Winde heute ist es möglich, daß er irgendein Geräusch auffängt, das nicht in den Wald gehört und ihn äußerst mißtrauisch macht. Ich habe ja Zeit, und darum lasse ich zunächst eine gute Viertelstunde verstreichen, dann aber setze ich die Quäke zwischen Daumen und Drückefinger – und Lampes Todesklage schallt durch das hohe Holz.

Rasch habe ich die Quäke und Drilling vertauscht. Ich habe es schon erlebt, daß der Rote auf die lockenden Töne wie aus der Pistole geschossen aus der Dickung sauste. Meistens verging allerdings erst eine geraume Zeit, ehe Reinekes Schelmengesicht zwischen den Büschen herausschaute.

Auch heute muß ich warten. Vielleicht steckt der Fuchs ganz am anderen Ende, vielleicht hat er die Dickung längst verlassen und ist ins Moor oder die Heide geschnürt, vielleicht hat er auch keine Lust zum Zustehen. Wer kennt sich in der Seele Reinekes aus?

Meine Geduld wird auf eine harte Probe gestellt. Trotzdem rühre ich kein Glied – nur die Augen wandern aufmerksam von rechts nach links, von links nach rechts. Ein Sperber blockt ganz dicht bei mir am Stamme einer Kiefer auf; auch der gehört zu denen, die Hasenbraten über alles schätzen.

Ein Erlebnis fällt mir ein: Im Eilveser Grund war's vor vielen Jahren; da schoß ich einen Hasen, der laut klagte, als ihn der Hund griff, und im selben Augenblick haßte ein Sperberweib auf meinen Rüden, das in diesem Revier, wo es mehr Rot- und Rehwild als Hasen – und Hühner überhaupt nicht – gibt, genau so wenig Schaden anrichtet wie das Habichtspaar, das jahraus, jahrein drüben in der Dübelsloh horstet. Sein Erscheinen auf mein Quäken ist mir aber der Beweis, daß die Hasenklage „natürlich" klang.

Plötzlich rätscht nicht weit von mir in den Küstertannen ein Häher. Ganz aufgeregt gebärdet sich der Markwart, und nun fallen zwei andere in das Geschimpfe ein. Aha, sie melden den Fuchs! Noch angestrengter als zuvor suchen die Augen die Kiefernzweige ab, die den Dickungsmantel säumen, und jetzt – jetzt ist dort auf einmal bei der hellen Birke eine ganz kleine Bewegung. Im nächsten Augenblicke aber steht der Fuchs breit wie eine Scheibe vor den Büschen. Mit der Kugel würde ich ihn schon fassen können – aber wenn ich jetzt nur die kleinste Bewegung mache, wäre er sofort vergrämt. Erst muß er vertraut werden und weiterschnüren. Aber Reineke läßt sich Zeit! Endlos lange verhofft er, nur die Lunte zuckt hin und her, und der Fang dreht sich bald hierhin, bald dorthin. Dann aber setzt sich der Fuchs in Bewegung und schnürt stichgerade auf meinen Schirm los. Bis auf dreißig Gänge lasse ich ihn heran, dann, als er gerade hinter einer dicken Fuhre verschwindet, hebe ich die Waffe. Nun taucht sein Spitzbubengesicht wieder auf; jetzt steht er schön breit – da reißt es den roten Schelm im Dampf zusammen!

Ein ganz alter Rüde ist es, den ich mir an den Rucksack hänge, silberbereift und prachtvoll im Balg. Und fröhlich geht es nun zurück nach der Hütte.

Schön ist die Pürsch auf den roten Bock, feierlich das Weidwerk auf den Brunsthirsch – aber herrlich ist auch die Jagd auf das edle Raubwild, auf den Fuchs im prächtigen Winterwald!

Vor der Ellerndickung

Seit gestern ist das Wetter umgeschlagen. Der Wind, der acht Tage lang steif aus Nordost geweht, sprang plötzlich um, und heute kam er den ganzen Tag über den Langenberg aus der Schönwetterecke. Die düsteren Wolken, die tagaus, tagein wie schwere graue Schleier über der Heide hingen, trieb er vor sich her, und die Sonne half ihm dabei. Als die Bauern zu Mittag mit ihren Gespannen nach dem Dorfe lenkten, stand sie blank über dem Bruche, ließ ihre Strahlen durch die Fuhrenkronen tanzen, warf den Eichen am Saatkampe ein goldenes Kleid über und spiegelte sich in den Gräben und Torfkuhlen im Rischohr.

Und da erwacht in allen Winkeln das erstarrte Leben: die Wintermücken tanzen über den Binsenbülten, in den Eichenbüschen fliegen die letzten Frostspanner und in den Kölken murren die Märzfrösche, die Meisen flöten im Grasgarten, gestern abend sangen allenthalben die Amseln, und sogar die Krähen auf der großen Koppel vor dem Dorfe lassen so allerlei Laute hören, die man wohl für Gesang halten kann. Die ganze Welt freut sich, denn der Frühling ist da.

Eigentlich ist es noch viel zu früh, als ich den Weg nach dem Bruche zu entlang bummele, den Drilling über der Schulter. Aber es litt mich nicht mehr in der engen Stube; ich mußte hinaus.

Langsam gehe ich das Hauptgestell entlang. In den hohen Fuhren bei der Brandstelle schlägt die Misteldrossel. Etwas abgerissen klingts ja, das schwermütige Lied, aber es paßt doch so wunderbar in den stillen Heidewald, just so wie der weiche Flötenruf der Gimpel in der Tannendickung. Und in den wiegenden Fichtenwipfeln wispern dazu die Tannenmeisen und Goldhähnchen eine leise Melodie, märchenhaft abgestimmt zu dem Rauschen des Lenzwindes im raunenden Wald.

Am Kreuzdamm biege ich ab. Wo die Brücke über die Beeke führt, bleibe ich einen Augenblick stehen, beuge mich über das graue Geländer und schaue hinab in die murmelnden Wellen, die geschäftig über die bunten Kiesel eilen, um dann in dem schwarzen Brückenbogen zu verschwinden, sehe eine Weile den Stichlingen zu, die unbeweglich in der klaren Flut stehen und plötzlich in das Kraut schießen, als langsam ein dicker Frosch aus dem Uferschlamm rudert.

Aber dann geht's weiter, die Brandbahn entlang bis dahin, wo in der sumpfigen Niederung der Ellernkamp liegt. Bei der großen Birke, die sich da so weiß und schlank gegen die drei Schirmfichten abhebt, mache ich halt, klappe den Jagdstuhl auseinander, brenne mir die Pfeife an, schiebe die Patronen in die Läufe, lehne mich mit dem Rücken an den Stamm und sehe verloren dem Rauche nach, der in blauen Ringen in die stille Luft steigt.

Noch habe ich Zeit, noch steht die späte Sonne über den Fichten. Und so wandern denn die Augen hin und her: über das fahle Gras am Wege, über den Weidenbusch, der mit tausend silbernen Kätzchen wie ein holdes Wunder vor den kahlen Ellern an der Beeke steht, zu den rotbraunen Farnkräutern, in denen der Zaunkönig schnurrt, und zu den Haselbüschen, deren gelbgrüne Kätzchen sich wunderbar abheben gegen die blaugrünen Nadeln der krausen Fuhren.

Eine alte Häsin hoppelt über den Weg, nascht ein wenig von dem Brahm, der da wächst, und verschwindet im hohen Fichtenholz!

Zwei Rehe wechseln weiter oberhalb über die Bahn. Die schwarze Ricke mit ihrem Kitz ist's, die allabendlich aus dem Ellernkamp durch das Stangenholz in die Wiesen vor dem Bruche zur Äsung zieht.

24

Eine Weile ist alles ruhig. Nur die Amseln flöten in den Wipfeln, und ganz hinten im Bruche ruft der Schwarzspecht.

Die Gedanken kommen und gehen. Zu bunten Bildern ziehen sie vorüber, ernste und frohe. Ja, damals vor Jahren – wie war doch das?

Und deutlich sehe ich da wieder alles vor mir: die schweigende Waldwiese, die weißen, duftschweren Märzglöckchen, den silbernen Weidenbaum und sie, die ich – da fühle ich plötzlich einen leisen Stubs am Bein – ach so, der Teckel – ja – und dann sehe ich vorsichtig zur Seite, wohin des treuen Tieres starres Auge weist. Ein leises Knacken kam da oben aus den Büschen. Langsam schiebt sich das scharfe Glas vor die Augen, bohrt sich hinein in das Gewirr und Gestrüpp – und auf einmal tritt der starke Bock aus den Stangen auf das Gestell, der Heimliche, dem im Vorjahr so mancher vergebliche Gang gegolten. Handhoch stehen die Kolben schon zwischen den Lauschern. Einen Augenblick sichert der Brave zu mir herüber, dann nimmt er trollend den Wechsel an, der quer durch das Jagen ins Rischohr führt.

Die Sonne ist hinter den Fichten verschwunden: purpurn leuchtet über den schwarzen Wipfeln das Abendrot. Hoch oben im tiefblauen Himmel steht silbern der Schnepfenstern. Kühler weht es vom Moore herüber. Mich fröstelt. Ich richte mich auf und knöpfe die Joppe zu.

In der finsteren Dickung beginnt ein heimliches Leben. Hier raschelt ein Blatt – da knackt ein Ast. Die Amsel in der kahlen Pappel ist verstummt. Nur die Zippe drüben in der alten Weißtanne jubelt noch unermüdlich ihr lenzfrohes Lied. Irgendwo in den Ellern singt verloren ein Rotkehlchen. Ein Reiher fliegt mit rauhem Schrei unsichtbar über die dunklen Kronen dem Bruche zu. Der Kauz heult im hohen Holz.

Die Uhlenflucht ist da. Ich lehne mich wieder an den Stamm und sehe in die sinkende Nacht. Schwärzer und schwärzer werden die Schatten in der Dickung. Alle Farben sind tot – stumpf – grau. Eine wunderbare Stille steigt aus den Gründen auf. Und wunschlos wandern die Gedanken ins Traumland, ins Nichts.

Doch da – was war das? Pswitt! – pswitt! Dünn und scharf zittert der Laut durch die stille Luft.

Die Rechte zuckt nach der Waffe, fest umklammert die Faust den Kolbenhals.

Und wieder: Pswitt – pswitt! Und jäh taucht ein Schatten über den Ellern auf, verschwindet hinter der schwarzen Fichte, gaukelt über die Dickung, geistert über die Bahn in die hohen Eichen – da blitzt ein Feuerstrahl in den dunklen Himmel – donnernd brüllt der Schuß über das schweigende Bruch, und in das tote Fallaub unter den Eichen stürzt etwas hinab – schlägt ein-, zweimal mit matten Schwingen und liegt dann ganz still . . .

Durch den weißen Pulverrauch gehe ich langsam mit dem Hunde am Riemen in den Bestand, hebe die Schnepfe aus dem kahlen Laub, trete auf die Bahn zurück und breche von dem blühenden Weidenbusch an der Beeke einen silbernen Bruch.

Und dann wandern wir beide heimwärts durch das finstere, feierlich schweigende Holz . . . Über dem Ellernkampe aber steht golden der Schnepfenstern.

Reviergang

In großen Bogen zieht sich der Fluß durch das Wiesenland. Weidicht umbuscht seine Ufer, hohes Rohr rauscht im Wind; allerlei trockenes Gekräut, angeschwemmtes Genist, Balken und sperrige Zweige schaffen überall in den Krümmungen stille, heimliche Winkel, so recht geschaffen für das bunte Getier, das hier im Wasser lebt.

Unter dem Wurzelwerk der Weiden gründeln die Enten, gern steckt der Ilk in dem wirren Durcheinander der Braken, denn Wasserratten, seine liebste Beute, gibt es hier überall in Unmassen. Die flinken Wiesel huschen oft durchs Gebüsch, und manchmal liegt an einer überwindigen Stelle ein Krummer. Der Eisvogel ist ständiger Gast; steif und still hockt er, den Kopf mit dem großen Schnabel zwischen die Schultern gezogen, auf seinem Lieblingsplatze; einem weit über die Flut hinausragenden dürren Zacken, und lauert auf die Fischbrut, die sich da in dem seichten Wasser tummelt.

Wo die Wiesen aufhören, wird das Ufer höher. Eine mächtige Düne, noch ein Zeuge der Eiszeit, tritt dort plötzlich aus dem flachen Lande heraus, von uralten Kiefern bekrönt, von Eichen und allerlei Buschwerk an ihrem Fuße bewachsen. Zahllose enge Röhren deuten darauf hin, daß sich an dieser Stelle die Karnickel besonders wohl fühlen, und mächtiges weißes Geschleife vor den drei größten Einfahrten sagt dem Kundigen, daß auch Meister Grimbart die Vorzüge dieser Revierecke zu schätzen weiß.

Seit langen Jahren führen die Wogen des Flusses an dieser Stelle einen Vernichtungskrieg gegen den Dünensand. Im Lenze, wenn der Südwind weht und der Schnee in den fernen Bergen schmilzt, reißen die gierigen Wellen immer neue Sandmassen in die Tiefe, spülen die tosenden Wasser immer größere Stücke vom Ufer weg. Woge um Woge donnert, wenn das Hochwasser rings die Wiesen und Felder in einen einzigen großen See verwandelt, heran gegen den Berg, und keine davon rollt leer zurück. Jedes Jahr versucht es das Strombauamt immer aufs neue wieder, gerade hier die Böschung neu zu befestigen – doch die aufgewandte Mühe ist fast immer vergebens, und so ist im Laufe der Zeit unter der Düne eine große Bucht entstanden.

Aber heute, an diesem sonnigen Vorfrühlingstage, ist von dem ewigen Kampfe nichts zu merken. Ruhig ziehen die Wellen ihre Bahn, und unter dem hohen Ufer ist das Wasser so klar und still, daß man den weißen Sand auf dem Grunde sehen kann. Ordentlich warm ist es hier in dieser Ecke, denn der Hochwald auf der Düne läßt dem leichten Ostwinde, der zwar nicht eisig, aber immerhin doch frisch genug weht, keinen Zutritt. Darum haben hier auch schon die Hasseln ihre goldenen Troddeln ausgehängt, und die Weidenkätzchen sind an dieser Stelle viel weiter als anderswo im Revier. Auch die kleinen Vögel wissen das wohl, denn die Goldammern im Schlehengebüsch über den Karnickelröhren probieren schon zaghaft, ob sie ihre vorjährigen Lieder noch können; der Zaunkönig im Brombeergerank schmettert frisch drauf los – er ist ja gar nicht aus der Übung gekommen –, und die Kohlmeisen läuten im Hag den Lenz ein, obwohl im Kalender heut noch der Winter steht.

In der Bucht unter dem hohen Steilufer ist heute Hochbetrieb. An die dreihundert Entvögel schaukeln sich da auf dem ruhigen Wasser. Meistens sind es Stockenten, die sich auf der Heimreise nach ihren Brutplätzen, die irgendwo weiter im Norden im stillen Heidemoor, am waldumrauschten See, am verschwiegenen, rohrumsäumten Tümpel oder am buschigen Wiesengraben liegen, hier zu kurzer Rast eingefunden haben. Aber auch ein Schof Kricken ist dabei, und ganz abseits liegen vier unscheinbare Mittelenten. Immer neue Gäste kommen dazu, und ab und an erheben sich zwei oder drei zu kurzem Rundfluge – ein ewiges Kommen und Gehen ist es in der stillen Bucht.

Als ich auf dem Pürschwege oberhalb des Flusses durch das Holz ging, verhoffte meine Wachtelhündin plötzlich und zog mit hoher Nase schnuppernd die Witterung der vielen Enten ein, die da, für uns unsichtbar, auf dem Wasser lagen. So wurde ich aufmerksam, legte die Hündin, die vor Aufregung förmlich zitterte, ab, und ging vorsichtig und immer in Deckung auf das Ufer los.

Im Schutze der hohen Kiefern pürschte ich mich an den Steilrand der Böschung heran, das letzte Stück auf den Knien und auf dem Bauche rutschend, bis ich es wagen konnte, hinter dem mächtigen Weißdornbusch, vom trok-kenen Grase gedeckt, das scharfe Glas auf das Wasser zu richten. Zum Greifen nahe hatte ich nun die bunte Gesell-schaft vor mir, die sich da ahnungslos im seichten Wasser vergnügte.

Es hat mir immer Freude gemacht, Wild zu beobachten, das von seinem ärgsten Feinde, dem Menschen, keine Ahnung hat und sich dann sorglos ganz so gibt, wie es wirklich ist. An meine Jugendzeit muß ich denken, an die Tage, als wir beide, mein Freund und ich, an bitterkalten Märztagen hinauszogen an die Laatzener Teiche vor Han-nover, um dort stundenlang, in unsere Mäntel gehüllt, in dem Schirm, den wir uns selbst aus Weidenbündeln gebaut hatten, am Wasser zu liegen: den Ferngucker – ein ganz billiges Ding – und das Notizbuch vor uns, um das scheue Wasserwild zu beobachten. Was waren wir glücklich, wenn es uns gelang, eine seltene nordische Art festzustellen oder Stimmlaute zu notieren, die der Vogel nur dann hören ließ, wenn er sich wirklich unbeobachtet glaubte! Noch heute sehe ich die beiden prächtigen weißbraunen Eiserpel mit den langen Schmuckfedern vor mir, die kaum fünf Meter an unserem Versteck vorbeizogen – noch heute steht mir das bunte, farbensprühende Bild der vielen Stock-, Krick-,

Knäck-, Löffel-, Pfeif-, Reiher-, Schell- und Tafelenten vor Augen, höre ich das Jodeln der Uferläufer, das tiefe Knarren der Taucher und der Blässen helles bellendes Geschrei.

Ganz so vielgestaltig wie damals ist die Gesellschaft hier unter mir nicht – aber immerhin noch so bunt, daß sich das Auge nicht satt sehen kann. Da liegen zum Beispiel ein Dutzend Stockerpel zusammen. Wie prächtig heben sich ihre gelbgrünen Köpfe mit der schneeigen Halskrause vom zarten Grau des Rückens ab, wie leuchten die violetten Spiegel! Jetzt gründelt der eine, – samtschwarz glänzen die Federn des Unterrückens. Und wie gut alle die zierlichen krummen Nacken auf dem Bürzel kleiden! Wahrlich, solch alter, ausgefärbter Erpel ist doch ein wunderschöner Vogel, zumal wenn er wie jetzt sein Hochzeitskleid trägt!

Ja, Hochzeit! Den Erpeln da unten spukt die Liebe auch schon in ihren grüngoldenen Köpfen herum. Reihezeit ist es für sie – Freiezeit! Darum haben sie sich so in Wichs geworfen, darum machen sie ihren Schönen nach allen Regeln der Kunst den Hof. Zwar scheinen die meisten der schlichtbraunen Enten noch keine Neigung zu verspüren, mit ihren bunten Kavalieren zu tändeln, aber das hält diese nicht ab, sich jetzt schon für später ins rechte Licht zu setzen. Nur die alte Ente dahinten, ist – so scheint es wenigstens – einem kleinen Flirt nicht ganz abgeneigt. Kopfnickend umkreist sie den hübschen Erpel neben ihr und schwätzt ihm dabei halblaut allerlei verliebtes Zeug vor, und er antwortet mit schnarrendem „Räbräbräbräb". Aber da kommen zwei andere Grünhälse herangerudert, und das wird dem verliebten Paare doch zu dumm. Rasch erhebt sich die Schöne vom Wasser, und ihr Galan streicht schnell hinterher. In großen Bogen kreisen sie über den Wiesen, dann fallen sie hinten in der nächsten Bucht, wo keine Enten liegen, wieder ein. Ja, ja, verliebte Leute sind gern allein!

Auf einmal warnt der alte Erpel, der am weitesten nach dem Land zu liegt, mit heiserem gedehntem „Paak-paak".

Sofort fahren alle die braunen und grünen Köpfe in die Höhe – dreihundert bunte Vogelkörper rudern unruhig hin und her – wieder warnt der Alte, aber diesmal schon dringender – da erhebt sich die ganze Gesellschaft wie auf Kommando brausend in die Luft. Einen Augeblick lang saust und singt es über mir; lauter schwarze Kreuze stehen auf einmal regellos vor mir in dem sonnigen Himmel, finden sich dann zu zweien und dreien zusammen, kreisen höher und höher – und da werde ich auch gewahr, was die Enten so jäh zum Aufstehen brachte: Reineke Rotvoß ist, für mich unsichtbar, aus dem Weidengebüsch am Flusse erschienen und hat die Gesellschaft so in Aufregung versetzt.

Keine fünfzehn Schritt unter mir schnürt der Fuchs am Ufer entlang, alle Augenblicke sichernd und dabei mit hohem Windfang die starke Witterung einsaugend, die ihm da vom Wasser frisch entgegenweht. Man sieht es ihm ordentlich an: er ist mißmutig, daß er keinen von den bunten Vögeln erwischt hat.

Ich hätte den Roten schießen können, aber der ruppige Balg reizt mich nicht. Zudem sind im Revier schon zehn Füchse in diesem Winter erlegt, und die paar, die noch da sind, sollen leben bleiben, damit im nächsten Jahre unsere braven Teckel auch noch Arbeit und wir unsere Freude am Weidwerk auf den roten Ritter haben.

Reineke hält sich nicht lange auf, denn zwei Krähen haben ihn entdeckt und machen einen Mordsradau. Andere der schwarzen Gesellen kommen hinzu, Amseln und Meisen zanken ihn aus, und die Häher geben ihm das Ehrengeleite, bis er in der Dickung verschwunden ist. Leer ist die Bucht, und mein Platz kommt mir auf einmal sehr langweilig vor. Darum stehe ich auf, hole meine Hündin ab und gehe am Flusse entlang heimwärts.

Alle Augenblicke stehen vor mir hinter den Weiden Enten aus dem Wasser auf. Meistens sind es zwei oder drei, dann aber immer eine Ente und zwei Erpel. Also ist die Reihezeit doch wohl schon im Gange. Nur an der Krümmung vor dem Höhenkamp liegen wieder mehrere, an die dreißig mögens wohl sein. Aber das sind lauter Erpel: der Klub der unentwegten Junggesellen.

Immer weiter bummele ich, sehe noch einen Eisvogel, der mit hohem Pfiff wie ein blitzender Edelstein über die Flut hinschießt, entdecke zwei zierliche Uferläufer, überrasche hinter den Weiden vier Bekassinen, trete einen Hasen aus seiner Sasse im trockenen Gras am Schwarzdornbusch und komme gerade noch recht, um zu sehen, wie ein Habichtsweibchen hundert Gänge vor mir nach einer Kricke stößt – allerdings vergeblich, denn wie ein Stein saust die Ente ins Wasser, daß es spritzt. Der Raubvogel aber ist längst fort, als ich meine Waffe am Kopf habe.

Bei der Brücke biege ich nach dem Dorfe ab. Zwar sind die Läufe meines Drillings heute blank geblieben, aber es muß ja nicht immer etwas geschossen werden! Auch so war der Tag wunderschön, denn er gab mir mehr als irgendeine vielleicht armselige Beute: eine Fülle köstlicher Erlebnisse und Beobachtungen.

Horstzeit

Durch die kahlen Eichen, die auf dem Sandbrinke vor dem Moore an der Grenze der großen Staatsforst wachsen, lacht der Sonnenschein. Überwindig und warm ist es hier trotz der frühen Jahreszeit, trotz des Ostwindes, der schneidend und scharf über das freie Moor fegt. Denn ein dichter Mantel von krausen Krüppelfuhren hält jeden Luftzug von diesem Fleckchen fern. Darum regt sich auch hier das erste Leben im Lenz. Windröschen und Märzbecher heben die Köpfchen aus dem toten braunen Laub; der Weidenbaum an der kleinen Beeke, die murmelnd und plätschernd durch das Altholz aus den Hügeln nach dem Moore hinabspringt, trägt tausend silberne Kätzchen; die Haseln am Pürschwege recken die braungelben Blütentroddeln, und Goldmilz und Feigwurz haben stellenweise einen bunten Teppich über den Boden gestickt.

Heute morgen meint es die Sonne in diesem vergessenen Waldwinkel besonders gut. Lustiges Leben herrsch darum überall. Die Meisen läuten, die Finken locken, und der Grünspecht lacht, was er kann. Im Haselbusche sitzt der Häher, sträubt die Holle, verdreht den Kopf und schwatzt allerlei krauses Zeug halblaut vor sich hin. Da reckt er mitten im schönsten Geplauder auf einmal den Hals, kreischt gellend und laut auf und stürzt dann kopfüber in den Weißdornstrauch, wo er im Schutze der sperrigen Äste aus Leibeskräften weiterschimpft.

Ein brauner Schatten strich blitzschnell durch die kahlen Zweige und hakte dann jäh auf den trockenen Zacken in halber Höhe der starken Eiche am Bache auf. Noch ein-, zweimal zuckt der große Vogel mit den zusammengelegten Schwingen, schüttelt den Stoß, sichert scharf umher, zieht den linken Lauf in die weichen Bauchdunen, den Kopf zwischen die Schultern und hockt dann unbeweglich dicht am Stamme des alten Baumes.

Noch immer zetert der Häher im Dornenbusch, und alle die anderen Vögel ringsum, die den braunen Schatten gewahr wurden, helfen getreulich mit. Keine Meise singt mehr, kein Rotkehlchen schnickert, kein Buchfink schlägt. Es ist, als ob ein Gespenst durch das Eichholz gegangen wäre.

Den Habicht kümmert das nicht. Er ist es gewohnt, mit Schimpfen und Schrecken und Angst und Warnen empfangen zu werden. Eine Kleinigkeit wäre es für ihn, den bunten Kasper da unter ihm aus dem Weißdorn zu holen. Aber wozu? Vor einer halben Stunde hat er erst eine Ringeltaube gekröpft und heute früh auf dem Moore einen Kiebitz angegriffen. Und was ist schließlich auch an solch armseligem Häher dran? Mag er also ruhig weiterschimpfen!

Eine halbe Stunde vergeht. Immer noch blockt der Räuber unbeweglich auf seiner Warte. Er scheint zu schlafen. In Wirklichkeit aber späht er scharf umher, und nichts entgeht seiner Aufmerksamkeit. Die Vögel beginnen erst schüchtern, dann immer lauter wieder zu singen; sie haben die Gefahr vergessen. Auch der Markwart hat sich beruhigt. Ja, er wagte sogar, aus dem Weißdornbusche fort und in die Haselstauden zu fliegen. Dort hält er's natürlich auch nicht lange aus, und im Bogenfluge streicht er unter die hohen Eichen am Bache, stochert da so lange im toten Laub, bis er eine vorjährige Eichel gefunden, hüpft damit auf einen Stuken, läßt die Frucht plötzlich fallen und schwatzt wieder allerlei ungereimtes Zeug vor sich hin.

Auf einmal aber kreischt er wieder gellend und laut. Was ist denn nun los? Ach so, der Förster! Der tut ihm ja so leicht nichts zuleide – aber man kann's nicht wissen – – – darum warnt Markwart immerzu. Ärgerlich dreht der Grünrock den Kopf. „Der dumme Vogel macht mir das ganze Holz rebellisch!" denkt er –, da fällt vor ihm ein

Schatten über den Boden –, und ehe der Weidmann noch weiß, was es war, ist der Habicht schon längst zwischen den Bäumen davon.

„Sie sind also doch wieder da!" murmelt der Alte in seinen Bart. „Ob's wohl dieselben sind wie im Vorjahr?" Nachdenklich stopft er sich eine Pfeife, setzt sie umständlich in Brand und sucht dann mit dem Glase die alte Eiche, wo hoch oben in doppelter Zwille der Horst der Habichte steht.

Dreißig Jahre nun schon betreut der Förster dieses Revier. Damals brüteten hier noch allerhand seltene Vögel: Wanderfalke und Kolkrabe, Gabelweihe und Schreiadler. Aber einer nach dem anderen blieb fort, und ihre Burgen verfielen im herbstlichen Sturm. Nur die Habichte haben sich noch bis heute gehalten.

Der Alte birscht weiter. In den Himbeerstauden am Bache steht in der Sonne ein guter Bock und döst vor sich hin. Handbreit prahlt das Kolbengehörn über den Lauschern. Der wird einmal gut werden! Noch hat der Bock keinen Wind. Ganz genau sieht ihn der Förster sich an, ob er gut genug für den hohen Gast ist, den er in diesem Jahre zur Brunft erwartet.

Und dabei fällt ihm eine Geschichte ein, die sich vor gut fünfundzwanzig Jahren just hier in diesem Winkel ereignete. Damals führte er einen Geheimrat aus dem Ministerium auf den Kapitalen, der auch hier im Eichenwald seinen Stand hatte. Schwül war der Maientag, und in den Kronen der alten Bäume gierten die jungen Habichte. Kein Bock ließ sich sehen, nur die Mücken tanzten, und die Gelsen stachen wie toll. Da war dem hohen Herrn das Schreien der jungen Raubritter wohl auf die Nerven gefallen. „Verfl . . . Viecher!" hatte er zornig gerufen, vor Ärger seine Büchse genommen und dem einen der jungen Habichte eine Kugel haarscharf am Kopfe vorbeigeschossen – –, da brach mit Poltern und Prasseln dicht vor ihm der starke Bock in den Himbeerstauden davon, und lange nachher noch hörten die beiden weit hinten im Altholz seinen dröhnenden Baß.

Auf dem Sandbrinke vor dem Moore bleibt der Weißbart stehen und schaut gedankenvoll über die weite Fläche. Würzig duftet der Porst, obschon er noch nicht erblüht ist, und aus dem braunweißen Moose steigt ein strenger Geruch. Ganz weit weg kollert ein Hahn; Brachvögel flöten, und überall wuchteln die Kiebitze. Hoch oben aber in einsamer Höhe kreisen zwei Raubvögel, und alle Augenblicke tönt es herab: „Gigigigigigigig . . .“

Mit dem scharfen Feldstecher sucht der Förster die Vögel dort oben. Kreis um Kreis ziehen die beiden, ohne auch nur einmal die Flügel zu bewegen. Wie prächtig das aussieht! Nun senkt sich der eine, „gigigigig!“, ruft aufgeregt da der andere, stößt mit angelegten Schwingen herab und treibt den ersten zurück. Jetzt schrauben sich beide in großen Spiralen herab. Wie Gold leuchtet ihr Gefieder, wenn die Sonne darauf glänzt. Nun sind sie über den Eichen. Noch einmal gickert der Terzel hell auf, dann ist das Paar in den Kronen verschwunden.

„Sie werden auch dies Jahr wieder bei mir horsten“, spricht der Alte für sich, und er erinnert sich an eine Jahrzehnte zurückliegende Episode, die ihm sein Amtsvorgänger erzählte. Der Pächter der Nachbarjagd hatte ihn seinerzeit gefragt, als sie sich hier an der Grenze getroffen hatten, ob er nicht wüßte, wo die verdammten Habichte horsteten. Das ganze Birkwild wäre verschwunden, Enten gäbe es auch nicht mehr, von Fasanen und Rebhühnern ganz zu schweigen. „Bei Ihnen müssen die Lörke stecken, immer kommen sie aus der Ecke im Fiskus. Tun Sie mir doch den Gefallen und schießen Sie die Luder am Horste tot, wenn Sie den finden!“ Der Förster hatte nicht „ja“ und nicht „nein“ gesagt, nur etwas Unverständliches vor sich hin geknurrt und war dann weitergegangen. Gewiß, der Mann hatte ja recht – Schaden machten die beiden unter dem Niederwilde in schwerer Menge. Aber schließlich, was ging ihn das an, ob der Nachbar ein paar Hasen und Enten mehr schoß? An Rehböcken nahm der ihm ja auch weg, was er kriegen konnte, vor allem hier an der Grenze. Nein, er wollte die Habichte schonen! Das letzte Paar in der Gegend sollte bei ihm eine Freistatt haben, trotz aller Sünden und Räubereien.

Langsam bummelt der Forstmann zurück nach Hause. Gesetzlichen Schutz für den Habicht, den Schlimmsten der Schlimmen? Du lieber Himmel, wer hätte dies seinerzeit jemals gedacht?

„Gigigigigü" tönt es im Schnepfenmond gut acht Tage lang über dem Eichholz hoch oben im Blauen.

Die letzte Arbeit meiner „Afra"

Es war schon reichlich spät geworden, als wir im Revier ankamen. Kaum blieb Zeit, einen Schluck Kaffee zu trinken. Die Sonne war schon blutrot hinter den Königsfichten zur Ruhe gegangen – wir mußten uns sputen, wenn wir noch rechtzeitig dorthin kommen wollten, wo die besten Schnepfenstände sind. Die Hütte wurde verschlossen, und dann ging's durch das frühlingsfrische Bruch, wo die Drosseln jubelten, die Finken schlugen und aus allen Büschen der Rotkehlchen Silberlied perlte. Ich war der letzte, der die Hüttenblöße überquerte, denn hinter mir tappte meine alte Hündin, die heute so sehr gebettelt hatte, mitgenommen zu werden, daß ich das treue Tier unmöglich zu Hause lassen mochte. Aber bald merkte ich, daß die Alte nicht mitkommen konnte. „Geht nur zu!" rief ich den anderen zu. „Ich stelle mich an die kleine Wiese im Quellbusch!" Den anderen war's recht, und so bog ich dann bald nach rechts ab, folgte dem verwachsenen Holzabfuhrweg und war bald an der Wiese, die heimlich und still mitten im quelligen Holze liegt, suchte mir einen Weg zwischen den Ellern und wartete auf die Zeit, wo der Abendstern im dunklen Himmel aufflammte und der „Vogel mit dem langen Gesicht" seinen Balzflug begann.

Neben mir saß, unangeleint wie immer, meine alte treue „Afra". Zwölf lange Jahre war sie mir nun treuer Weidgesell gewesen. Manche frohe Jagd hatten wir zusammen gemacht – damals, als sie in den besten Jahren stand und ihr keine Hatze zu lang, kein Wetter zu toll war. Wie manchen Bock, wie manche Sau hatte sie mir nach mühseliger Nachtsuche gefunden, wie manches Stück Rotwild am Riemen gearbeitet, wie manchen Hasen aus dichtester Dickung gebracht. Wie konnte sie sich freuen, wenn sie die geflügelte Ente im verfilzten Rohr endlich doch geholt, das

Huhn im hohen Kartoffelkraut ausfindig gemacht hatte. Und jetzt? Nun war sie alt und stümperig geworden, suchte die wärmende Sonne, und das Licht ihrer Augen war erloschen. Ich wußte, daß ich mich bald von meinem treuen Gesellen trennen mußte, aber ich brachte es nicht übers Herz.

An alles dieses dachte ich, als ich die Alte da sitzen sah, und ich gestehe, ich war gar nicht so recht bei der Sache, hörte kaum das Jubeln der Zippe, des Zaunkönigs heller Schlag und der Rotkehlchen Gezwitscher. Erst als die Alte die Behänge hob und ihre blinden Augen drüben auf den Dickungsrand richtete, wo es leise knackte, wurde ich aufmerksam. Richtig, da trat ein Stück Wild aus – der schwarze Bock von der großen Heide war es, der sich nun in die Wiese äste. Ganz genau kannte die Hündin auch das Stück, das sie doch nicht anäugen konnte, ihr Windfang zog die Witterung ein, aber sie rührte sich nicht. Nein, so etwas hatte es ja nie bei ihr gegeben – nie hatte sie mir je ein Stück Wild vergrämt. Aber jetzt wandte sie jäh den Kopf nach der anderen Seite, und da hörte ich auch schon das tiefe „Moack-moack" der ziehenden Schnepfe. Doch da war der Vogel ja schon. Rasch riß ich den Drilling hoch, steil nach oben mußte ich den Schuß werfen – gerade noch sah ich, wie der Langschnabel zeichnete, dann aber war er hinter den Fichten im düstern Bruch verschwunden.

Da stand ich nun, starrte in den finsteren Busch und horchte, ob ich nicht irgendwo ein Knistern oder Rascheln hörte. Aber da war die Hündin schon neben mir. „Such verloren!" rief ich, ohne im Augenblick daran zu denken, daß meine alte „Afra" ja blind war. Aber da war die Alte schon im Bruch verschwunden. Zweige knackten, Wasser quatschte, Sträucher raschelten. Ich machte mir Vorwürfe, daß ich geschossen, daß ich dem alten Tiere den Befehl zum Suchen gegeben hatte. Aber der Hund war nun weg, und ich mußte warten, der Dinge harren, die nun kommen sollten. Immer dunkler wurde es, kein Vogel sang mehr, fern im Bruche schreckten die Rehe. Ich setzte mich auf einen Stuken und lauschte. Knackte da nicht eben ein Zweig? Ganz richtig – das war der Hund! Er tappte immer noch zwischen den Bülten umher, ganz recht, er mußte ja suchen, denn ihm war der Befehl dazu erteilt! Und wieder wurde es still, nur die Mäuse raschelten im Laub, und im Bruche murrten die Frösche. Fast eine halbe Stunde wartete ich nun schon. Es half nichts, ich mußte hinein ins Bruch, sehen, daß ich die Alte abfassen konnte. Morgen, ja morgen früh würde ich mit einem der anderen Hunde suchen gehen und Nachsuche halten, wenn – ja, wenn nur bis dahin der Fuchs nicht zuvorgekommen sein würde. Und schon setzte ich zum Sprung über den schwarzen randvollen Graben an, da kam drüben aus der Ecke der Dickung ein Schatten über die Wiese, langsam, ganz langsam – und dann tappte sich die alte Hündin zu mir her und schob mir – die Schnepfe in die Hand.

Ich aber habe mit Tränen in den Augen die alte treue Seele in den Arm genommen, habe immer und immer wieder ihren feingliedrigen Kopf gestreichelt und bin dann Schritt für Schritt mit ihr nach der Hütte gewandert – zum letzten Male. Wenige Wochen darauf war meine alte „Afra" nicht mehr – die Nachtsuche im Schnepfenbruch war ihre letzte Arbeit gewesen.

Der Hahn von der Moorblöße

Nein – das war kein Wetter für die Hahnenbalz in den letzten Wochen! Wind und Regen, Schnee und Graupel-schauer – kein Wunder, daß den Hähnen da die Lust zum Minnetanz und Balzgesang verging. Stumm und unlustig hockten sie auf den Balzplätzen umher, und wenn einer mal das Spiel fächerte und zischte, so war das schon ein Ereignis! Unter diesen Umständen machte es auch uns Jägern keinen Spaß, Morgen für Morgen naß und frierend im Schirm zu sitzen. Man hörte ja doch nichts als das Heulen des Windes in den Fuhrenzweigen und das Rieseln des Regens in den Büschen am Moorgraben. Viel schöner war's in der Hütte, wo die Scheite im Ofen bullerten und der Pfeifenrauch in blauen Ringeln unter den Deckenbal-ken entlang kräuselte.

Aber gestern abend klarte es auf. Der Wind war umge-sprungen, warm und weich wehte es aus Südosten. Zwar wurde es um Mitternacht empfindlich kühl, aber was machte uns das? Die Hauptsache war es für uns, daß die Sterne in einer Pracht flimmerten, wie sonst nur in einer Winternacht. Um drei Uhr war darum großes Wecken, und beim Kaffee sah man nur blanke Augen und nicht solch griesgrämige Gesichter wie an den letzten Morgen. Heute früh würde das Moor kochen vom Rodeln und Trommeln der Spielhähne!

Die lange Bahn schritten wir selbdritt entlang dem Moore zu. Wo die Wiesen sich im fahlen Dämmerlicht in den Bruchwald vorschoben, schreckten die Rehe immerzu. Da waren sicher Sauen auf dem Rückwechsel. Einen Augen-blick schwankte ich, ob ich nicht doch lieber die Hähne zufrieden lassen und mich dafür in den Hochsitz in der alten Eiche setzen sollte – aber als ich dann das Wimmern der Kiebitze und das Belfern der Mooreule hörte, ging ich doch den Weg durch die Wiesen am Wasser entlang zu meinem Schirm, den ich mir am Bruchgraben vor der Blöße schon vor Wochen gebaut hatte.

Und nun bin ich da! – Eine richtige Burg ist dieser Schirm. Der Bauer, der einst an dieser Stelle den Plaggenklump aufschichtete, hat mit gute Vorarbeit geleistet. Zwar ist der Haufen im Laufe der Jahre verfallen, aber er war immerhin noch so hoch, daß ich mir ein tiefes Loch mit einer richtigen Bank darin bauen konnte. Ich habe – welch unerhörter Luxus – sogar aus Fuhrenstangen und alten Brettern ein Dach darüber gedeckt, mit Plaggen und Fuhrenzweigen verblendet, und in das Innere ganze Arme von dem trockenen Windhalm gebracht, der überall auf den Moordämmen wuchert. So sitzen wir beide, mein Hund und ich, schön trocken und warm in dem Bau. Die anderen Schirme sind viel luftiger und windiger! Einen Nachteil hat allerdings mein Kunstwerk: man schläft zu leicht darin ein.

Aber heute morgen denke ich nicht ans Einschlafen. Denn kaum habe ich mich richtig fertig gemacht, den Drilling geladen und gesichert und die Pfeife in Brand gebracht, da fallen schon rauschend ein paar Enten vor mir im Bache ein. Gleichzeitig aber fängt der Brachvogel an zu flöten und die erste Bekassine meckert über mir im hohen Himmel. Vorsichtig schaue ich durch eine der Schießluken nach den Enten auf der Beeke, aber es ist noch zu dunkel, um Genaueres zu erkennen.

Im Osten zeigt ein ganz zartes Rot, daß der Morgen nicht mehr fern ist. Immer mehr Bekassinen meckern im Moor, Kiebitze rufen in den Wiesen. Die erste Heidlerche steigt mit süßem Dudeln in die Luft. Andächtig lausche ich ihrem Gesange, dem schönsten Vogellied, das ich kenne. Was wäre ein Morgen im Moor ohne der Dullerche süßen Schlag?

Aber dann fahre ich zusammen. Harte Schwingen rauschen über mich weg – ein surrendes Flügelschlagen ist vor mir auf der Blöße, dann aber ist's wieder still. Ich aber weiß, daß vor mir der Hahn eingefallen ist. Ganz still sitze ich, obwohl ich weiß, daß mich der vorsichtige Vogel in meiner Burg gar nicht wahrnehmen kann. Endlos lange, so dünkt es mich wenigstens, scheint der Hahn zu sichern. Aber nun – endlich – tönt es zu mir herüber: „Tschiuhu!" und nach einer Weile zum anderen Male: „Tschiuhu!"

Der Hahn schickt seinen Streitruf in den grauenden Morgen hinaus. Fast augenblicklich wird ihm von zwei, drei Seiten Antwort. Sechs oder sieben Hähne müssen in der Nähe eingefallen sein und zischen und fauchen sich gegenseitig wütend an. Hin und her geht dies Frage- und Antwortspiel – dann aber hat der erste sich eingespielt: dumpf und unirdisch klingt sein dunkles Lied zu mir aus dem Moore herüber: „Ku – ku – ku – kukukuku – ku – ku – ku – kukuku. Kukululu – lu – kululululu – lu – lu – ku – ku – kukukuku!" Und dann zischt und faucht und springt der Hahn, daß es eine Freude ist. Jetzt aber haben auch die anderen mit der Balz begonnen, und rings um mich her rodelt und kullert das Moor vom Trommeln der balzenden Hähne. In das Kullern aber mischen sich all die anderen Vogelstimmen im Moore: das Flöten des Brachvogels, das Meckern der Bekassinen, das klägliche Wimmern der Kiebitze, der Enten Paaken, der Heidlerchen Dudeln, der Moorpieper Trillern, des Tüpfelsumpfhühnchens helles „Huit", der Mooreulen Belfern: Das Moor hat alle Stimmen heute früh im großen Konzert eingesetzt.

Immer heller ist es inzwischen geworden. Behutsam sehe ich durch die Lücke zwischen dem Gezweig nach der Stelle, wo der Hahn im Dunkeln einfiel. Aber dort ist alles leer. Dafür aber kullert es nun weiter nach rechts, wo die dicken Seggenbülten stehen. Und jetzt – jetzt fallen dort ein zweiter und gleich darauf ein dritter Hahn ein. Einen Augenblick stehen sich die beiden hochaufgerichtet gegenüber – dann saust der Platzhahn auf die beiden los. Der eine reißt aus, der andere aber wird überrannt, und im

Handumdrehen ist da ein wilder Knäuel, ein Schwingenschlagen und Rauschen – dann löst sich der Unterlegene, und der Platzhahn schickt dem Davonstreichenden ein wildes Fauchen nach.

Ganz ruhig habe ich den Drilling hochgenommen. Das Silberkorn sucht die weiße Stelle auf dem Flügelbug des Hahnes – donnernd rollt der Schuß über das stille Moor – der Hahn aber schlägt dort draußen mit den Schwingen zum letzten Male. Eine Weile warte ich noch, dann trete ich aus meinem Schirm und hebe meine Beute aus Heidkraut und Bülten auf. Es ist ein starker alter Hahn – keine braune Feder mehr deutet darauf hin, daß ihn die Schrote zu früh fällten. Liebkosend streicht die Hand über die roten Rosen, das krumme Spiel – aber dann dämpft mir die Freude doch der Gedanke, daß dieses vielleicht einer der letzten Hähne sein wird, die ich strecken konnte. Denn immer mehr schwinden Moor und Heide und immer weniger werden es der schwarzen Ritter, die im Frühdämmern des jungen Morgens im Moore ihren Reigen tanzen.

Erster Revierbummel

Meilenweit dehnt sich das graue Band der Lüneburger Heerstraße durch das Wäldermeer, das zwischen Eschede und Uelzen die Heide deckt. Viele tausend Morgen Dikkungen greifen hier ineinander, und die wenigen Dörfer liegen wie Inseln in diesem Waldmeere. Vom Scheuerbruch bis in die Wierener Berge, vom Ebstorfer Boben-Wald bis zum Asloh können die Hirsche wechseln, ohne ein anderes Hindernis zu überqueren als die Hamburger Bahn – und stundenlang kann man hier wandern, ohne etwas anderes zu hören als nur das Raunen des Windes im Genadel der Fuhren, das Ziepen der Tannenmeisen, das feine Locken des Goldhähnchens und des Schwarzspechts langgezogenen Regenruf. Es gibt wohl kaum ein anderes Gebiet im weiten Lüneburger Land, wo der Wald eine solche Ausdehnung hat wie auf den Dünenhöhen rund um den Lüß.

Von Eschede aus bringt uns der Wagen in diese Waldherrlichkeit hinein. Die Aschauteiche bleiben zurück. Althölzer und Dickungen, Blößen und Kahlschläge fliegen vorbei, und dann biegt unser Auto in einen Waldweg ein. Nach drei-, vierhundert Schritten, und wir sind am Ziel. Im grauen Dunst des Spätwintertages dehnt sich eine Heidefläche vor uns, mit Krüppelfuhren und riesigen Manchangelbüschen – das sieht das geschulte Jägerauge sofort – zeigen samt und sonders die Spuren, die einst die Hirsche an ihnen hinterließen: Da ist nicht einer, dem nicht wenigstens einige der schlanken, hochstrebenden Zweige gebrochen oder bis auf den Splint zerschlagen sind – Nacht für Nacht müssen hier die Hirsche gefegt haben, ehe sie drüben zu den Feldern des Gutes zur Äsung zogen. Und Wechsel neben Wechsel zieht sich von der Straße durch diese Heidfläche nach den Äckern, Fährte steht neben Fährte, und manche ist dabei, die das Jägerherz höher schlagen läßt.

Am Felde ragt aus Fuhren und Fichten eine halbverfallene Kanzel. Die Äcker sind hier zum Teil eingegattert; so ist ein richtiger Zwangswechsel entstanden. Das Wild aber – das beweisen die Fährten – hat sich um den Zaun so gut wie gar nicht gekümmert. Alle Augenblicke verweist der Tekkel ein Büschel Sauborsten oder Rotwildhaar, das beim „Durchkriechen" der Drähte hängengeblieben ist. Eine Wiese von Moor ist halb umbrochen; da sind die Sauen sehr, sehr fleißig gewesen und haben nach Engerlingen und Drahtwürmern, Puppen, Käfern und Mäusen gebrochen – ein herzerfrischender Anblick! Eine starke Fährte steht ein Stück am Zaune entlang; eine grobe Sau ist da gezogen und hier – der Teckel verweist die Stelle recht eingehend – ist der Keiler durch die Spanndrähte auf das Stück Ackerland gewechselt, hat dort einen Queckenhaufen zur Seite geschoben und da einen Maulwurfsgang viele Meter lang bloßgelegt: alles in der letzten Nacht. Und eine bunte Schwarte trägt der Basse, denn die Borsten, die ich am Zaune aufhebe, sind ganz hell.

Ich überlege, wo man sich hier am besten ansetzen könnte – dort bei der krüppligen Fuhre wäre bei diesem Winde wohl der beste Platz –, aber wir wollen heute ja nur einen bewaffneten Revierbummel unternehmen. Es hat keinen Zweck, bei diesem Nebel und schlechtem Lichte zu passen, aber wenn die Abende länger und heller sind, werde ich mich bestimmt hier häuslich niederlassen.

Durch Kieferndickungen und Fuhrenheide geht der Weg weiter nach dem Dorfe. Riesige Eichen überragen das alte Forsthaus, die wenigen Bauernhöfe, und das Häuslein, das dem Jagdfreunde für die nächsten Jahre Herberge und Heimat sein soll. Ein Blick in die frisch gestrichenen und geweißten Räume – dann geht es weiter.

An der Fütterung ist der Boden von Rotwildfährten zerstampft, Losung liegt da wie in einem Stalle, und von den Rüben ist keine Spur mehr zu entdecken.

46

Den Weg überqueren wir, der in die heimliche Ecke führt, wo noch eines der letzten Paare des heimlichen Waldstorches in unserer Heimat horstet.

Und dann stehen wir wieder vor einer eingegatterten Fläche, wo auch viele Wochen lang ungestört eine oder mehrere Rotten Sauen Nacht für Nacht für gute Durchlüftung der Ackerkrume gesorgt haben. Nicht weit davon steht in der Heide eine Kanzel; wer sich dort für ein paar Stunden zur rechten Zeit einbaut, muß unbedingt guten Anblick haben.

Einen Fuchsbau, den der Freund unweit davon in der Heide weiß, statten wir noch rasch einen Besuch ab. Vor Jahr und Tag muß er schon einmal gegraben sein, aber die Einschläge sind halb eingestürzt und zum Teil längst vom Heidekraut wieder überwuchert. Der Teckel schlieft ein und sucht die Röhren ab, doch nach kurzer Zeit kommt er aus einem Notrohr unter einer Knüppelfuhre wieder zum Vorschein: das Gebäude ist leer! Ich leine den kleinen Rauhbautz wieder an, damit er mir nicht auf einem der zahllosen Wechsel auf und davon geht.

Dann wandern wir in großem Bogen wieder dem Dorfe zu: Durch die Heide, über einen Abtrieb, wo die Braken in wüsten Haufen durcheinander liegen und alle jungen Triebe vom Rotwild geschält sind, durch ein Wiesental, über einen schmalen Bach und zuletzt an den eingegatterten Gärten der Bauernhöfe entlang.

Viel Freude wird der Jagdfreund an diesem Fleckchen Erde haben, aber auch manche Mühe, denn auch das gute Fährtenbild von einem guten Wildstand zeugt: ganz leicht wird das Weidwerken hier doch nicht sein. Noch mancherlei gibt es zu tun, ehe die ersten Früchte reifen. Aber das ist ja gerade das Schöne bei einem neuen Revier: jeder neue Tag, jeder neue Pürschgang ist von Entdeckerfreude umwoben, bringt frische Eindrücke, gute Lehren und neues Beobachten, und langsam, ganz langsam wächst dann solch Fleckchen Erde ins Jägerherz hinein.

Ein Tauber

„Huhuh hu huue – huhuh hu huue – huhu hu huue – hu – –
–." Aus den Buchen im Loh klingt ein dumpfes Lied.
Dreimal wiederholt sich die dunkle Weise, kurz und hell
tönt jedesmal das letzte Hu hinterher. Ich bleibe auf dem
Sandweg bei den Fichten stehen. Soll ich's versuchen?
Schon oft bin ich dem dunklen Liede nachgegangen, die
Augen spähend nach oben gerichtet in die hohen Kronen,
die Faust fest um den Kolbenhals. Und meist war's vergeb-
liche Liebesmüh! Denn von ihm, der da oben im Wipfel die
einförmige Weise singt, dem Ringeltauber, gilt dasselbe
Wort wie vom Spielhahn: Auf jeder Feder hat er ein Auge.
Und meistens, wenn ich den Balztauber ansprang, nahm er
mich eher wahr als ich ihn, und klatschend strich der
Allzuvorsichtige ab, bevor sich der Lauf zum Schusse
erhob. Ja, wer den Ringeltauber nur aus den Parks oder
Anlagen der Städte kennt, wo er den Herrn der Schöpfung
bequem auf zehn Schritt herankommen läßt – wie Drosseln
und Spatzen –, der hat sich hier getäuscht. Denn der freie
Tauber aus den Buchen im Loh ist ein anderer als sein halb
entarteter Genosse aus dem „großen Steinhaufen". Das ist
Wild, das die Birsch lohnt. Denn hier, Weidmann, hier
kannst du zeigen, ob du birschen kannst!

Wieder klingt die dunkle Weise hoch oben aus dem
Buchenwipfel. Ich springe über den Graben unter die
Fichten. Da ist der Boden weich. Die toten Nadeln decken
den Boden, kein Ast knackt unter dem Fuße; unhörbar
gleite ich von Stamm zu Stamm. Aber was nun? Der
Fichtenmantel ist zu Ende, und bis drüben unter die
Samenbuchen sind's gut dreihundert Schritt. Und dahin
muß ich, denn von dort klingt das hohle Lied, dem ich

nachgehe. Jetzt fängt das Birschen an. Bei jedem Schritt raschelt das welke Fallaub, da liegt ein Ast, und dort sperren Braken den Weg, und hier liegt Reisig verstreut, vom letzten Holzabfahren her. Da komme ich nicht durch.

Also zurück unter die Fichten. Zwanzig Schritt birsche ich nach rechts – da geht's erst recht nicht, denn einmal ist da gar keine Deckung, und zum andern komme ich dort auch an den tiefen Kolk. Wiederum zurück – zehn Schritt nach links. Halt – von da muß es gehen! Fünfzig Gänge geht's unter den kahlen Eichen hin, dann komme ich dahin, wo unter den alten Samenbuchen die Eckern in die Erde gekratzt sind, und von da muß ich's eben weiter versuchen. Langsam und vorsichtig, immer in Deckung, springe ich Schritt für Schritt vorwärts. Ein Eichkätzchen, das mich schon lange beobachtet hat, fährt fauchend den Stamm hinauf, eine Schwarzamsel, die im Laub nach Regenwürmern stocherte, stiebt unter gellendem Geschimpf von dannen, ärgerlich zetert die Kohlmeise. Der Tauber verschweigt jäh. Ich bleibe hinter einer dicken Buche stehen, bis alles ruhig ist, und warte eine lange Weile, bis wieder aus der Krone die dunkle Weise klingt. Aber da verschweigt mein Tauber aufs neue. Die Sache scheint ihm doch nicht richtig zu sein. Und jetzt? Nun streicht er ab? – nein, er überstellt sich nur. Und was ist denn das da unter ihm auf dem dicken Ast? Aha – da sitzt die Taube, die Schöne, der er seine Lieder bringt. Da heißt's doppelt vorsichtig sein! Aber es muß gehen. Nur noch zehn Schritt bis zu jener Buche – ach, da sitzen mir wieder zu viel Äste im Wege – weiter, langsam, ganz langsam um den Stamm herum, vorwärts durch Fallaub und Braken, leise, leise – so, nun hinter die krumme Buche – halt! – Die Taube da oben macht einen langen Hals! Stillestehen, warten! So, jetzt wieder um den Baum herum. Und abermals warten! Einen Schritt seitwärts. Halt – nun muß es gehen. Und langsam, Zoll für Zoll hebt sich die Waffe. Und während da oben der Tauber seine hohle Weise singt, taucht das

Silberkorn in den schwarzblauen Punkt hoch oben im Buchenwipfel. „Huhuh hu hue – huhu hu" – donnernd hallt der Schuß durch das Holz, beißender Qualm steigt aus dem Rohre, prasselnd stürzt der blaugraue Vogel mit der weinroten Brust ins braune tote Laub. Ein kurzes Flügelschlagen – ein Flattern, und alles ist vorbei.

Langsam schiebe ich eine neue Patrone in den Lauf, hänge den Tauber an den Rucksack, brenne eine frische Pfeife an und gehe zurück auf den Sandweg – in die braune, weite Heide hinein.

Fegezeit

Die Maiensonne meint es gut. Die Eichen sind ausgeschlagen, aber das Laub ist noch so zart, daß es die alten grauen Stämme wie mit einem duftigen grünen Schleier umwebt. Überall rucksen die Täuber, der Schwarzspecht lacht, die Meisen locken, und unermüdlich klingt von der Blöße herüber des Baumpiepers herrlicher, schmetternder Schlag.

Dahin lenke ich jetzt meine Schritte. Auf jeder Schneise sitzen Karnickel, alte, würdige Rammler, die bei meinem Anblick erst warnend mit den Hinterläufen klopfen, ehe sie in die Dickung hoppeln, und putzige Jungkaninchen, die wie graue Wollbällchen aussehen, wenn sie dicht vor mir forthuschen. Meine Hündin wird ganz aufgeregt von der starken Witterung der grauen Flitzer und kann es scheinbar gar nicht begreifen, daß sie heute fein artig bei Fuß gehen muß und es vor allem gar nicht knallt. Kein Wunder, wenn man einen ganzen langen Herbst und Winter hindurch jede Woche ein- oder zweimal mit lustigem Jiffjaff hinter den flinken Dingern herhetzen durfte!

Auf der Blöße stehen zwischen den jungen Fuhren einige Lärchen und dabei zwei alte Wacholder. Nanu – was ist denn da los? Als ich gestern hier vorüberkam, war nichts verändert – – heute aber sind zwei Lärchen vollständig zuschanden geschlagen, und von dem einen Wacholderstämmchen hängt die Rinde in Fetzen herab.

Fegestellen! Heute in aller Frühe zog der starke Bock, der den Winter drüben im Ellernbruche stand, vom Felde her über die Blöße in die Kieferndickung, die er sich jetzt zum Einstand gewählt hat. Ganz sicher, er und kein anderer Bock ist es. Nur dieser hat solche starke Fährte, nur dieser fegt mit seinem Gehörn so hoch am Stamme hinauf. Na, der Forstwart wird schön schimpfen, wenn er die Bescherung sieht! Aber eigentlich geschieht ihm ganz recht! – Warum schützte er die paar eingesprengten Lärchen in der Besamung nicht mit Astquirlen. Als alter Waldläufer mußte er das eigentlich wissen. Aber wenn man schon eine Arbeit sparen will.

Nun, mir kann das alles gleich sein. Ich werde mich jedenfalls heute abend oder morgen vor Tau und Tagen hier gut gedeckt ansetzen, um den Bock zu Gesicht zu bekommen.

Jetzt aber will ich mir zunächst einmal seinen Wechsel über die Blöße ausmachen. Drüben halbrechts liegt im Felde das Kleestück, das der alte Herr wahrscheinlich mit seiner Anwesenheit beehrt. Demnach müßte der Wechsel also quer über den Schlag führen. Aber soweit ich die Eigenheiten solch eines alten Bockes kenne, wird das nicht stimmen. Und richtig, es ist so, wie ich's ahnte – die Erfahrung gibt mir auch hier wieder recht. Der Wechsel führt nach links und drüben im Stangenholze in großem Bogen nach rechts auf den buschigen Hagen los, der weit ins Feld vorspringt.

Das alles sagen mir die Fegestellen, die ich nun mühelos feststellen kann. Auf dem Schlage hat der Bock zunächst einmal sämtliche in der Nähe des Hauptwechsels stehenden Lärchen angenommen, dann die eingesprengten Wacholder und ebenfalls die Traubenholunder, während er die Fuhren gänzlich ungeschoren gelassen hat. Wahrscheinlich sind sie ihm zu ästig, zu sperrig. Aber erstaunlich ist es, daß er – mit Ausnahme der Machangeln – just die auffälligen, fremden Hölzer zum Fegen benutzt hat, die mit Kosten und Mühe vom Forstwart zwischen die Fuhren gepflanzt sind, um das Bestandesbild etwas anders zu gestalten.

Im Stangenholze hat der Bock tüchtig geplätzt und eine ganze Reihe junger Fuhrenstämmchen bearbeitet, daß das weiße Holz weithin leuchtet und überall an der wunden Stelle würzig duftende Harztröpfchen hervorperlen. Im übrigen aber sind alle Wacholder zerschlagen, wie das ja auch gar nicht anders anzunehmen ist, denn die Machangelbüsche üben ja allenthalben auf das Rehwild, vor allem aber auf die Böcke zur Fegezeit einen unwiderstehlichen Reiz aus. In völlig fremdem Revier habe ich mich immer rasch über Stand und Wechsel der Böcke unterrichtet, wenn nur Wacholder da waren – denn stand da in der Heide irgendwo nur ein lumpiger Spießbock – an den Wacholderbüschen hinterließ er todsicher die Zeichen seiner Gegenwart.

An der Holzkante hat der Bock ein paar Weidenruten – scheinbar mehr aus Spielerei – mit seinen Stangen vorgenommen. In Fetzen hängt die Rinde herab, und die Blätter des Salweidenbusches sind weit verstreut. Diese Stelle will ich meinem Freund Karl einmal zeigen. Der behauptet nämlich trotz seiner vierzig Jägerjahre immer noch steif und fest, daß man die Stärke des Bockes an den Fegestellen feststellen könne. „Dünne Ruten – junger Bock, dicke Stämme – starker Bock!" Das ist seine stehende Redensart. Zwar kam seine Theorie schon im Vorjahre arg ins Wanken, als ich ihm den elenden Kopfspießer vorführte, der nur an achtzigjährigen Fuhren fegte – aber, so sagte er: „Keine Regel ohne Ausnahme!" – und eigensinnig blieb er trotzdem bei seiner Meinung.

Diesen Bock hier, der von der Blöße ins Stangenholz zieht, kenne ich schon im Bast. Und wenn man ruhig die Hälfte von dem abstreift, was er im Bast zeigte, so bleiben doch immer noch starke, hohe – aber ganz engstehende Stangen, wenn das Gehörn verfegt ist. Und darum soll sich Karl heute abend hier ebenfalls ansetzen.

Für mich ist das Ausmachen der Böcke nach Fege- und Plätzstellen, den einzig gerechten Zeichen, immer ein besonders reizvolles Vergnügen gewesen. Wie manche Stunde habe ich mitten im Holz am Wechsel gehockt, auch wenn ich den Bock nicht schießen wollte oder durfte. Aber die ganze Art, wie solch alter Bock von seinem Tagesstande, der Dickung, über Blößen, Schläge und Gestelle, durch Bruch und hohes Holz zur Äsung zieht, sein Benehmen anderen Rehen, anderen Böcken gegenüber, vor allem aber das Beobachten beim Plätzen und Fegen haben mich immer reichlich entschädigt. Der Bock fegt ja von dem Augenblick an, wo er sein reifes Gehörn vom Bast befreit, bis tief in den Sommer hinein, nicht nur, um seinen Stangen die prachtvolle braune Färbung, die allein durch die Gerbsäure der geschlagenen Hölzer entsteht – um den Enden durch stetes Wetzen die blitzende Weiße zu geben, sondern auch, um seinem Kraftgefühl Ausdruck zu verleihen. Aus diesem Grunde plätzt und schlägt der Bock ja auch besonders viel zur Zeit der Brunft.

Dieser Bock ist einer von den stärksten im Revier – und da er im Herzen der Jagd steht, soll er bis zur Brunft unbehelligt bleiben. Aber drüben, an der Grenze, treibt sich ein ganz alter, zurückgesetzter Bock mit langen, säbelförmig gebogenen, endenlosen Stangen umher – und der soll möglichst bald geschossen werden. Sein Wechsel ist bislang nicht bekannt – aber vielleicht verraten mir heute morgen die frischen Fegestellen, wo ich in vierzehn Tagen, wenn die Jagd aufgeht, den Alten zu erwarten habe.

Maiennacht im Moor

Über dem Buchwald war der volle Mond heraufgestiegen, und ganz allmählich wurde der Nebel, der Waldwiesen und Heidewinkel verschleierte, silbern und licht. In der Hütte jiffte die Hündin im Traume, und ruhig und regelmäßig tönten aus der Kammer die Atemzüge der schlafenden Jagdfreunde. Auch ich wollte mich längst niederlegen – aber wer kann schlafen, wenn der Vollmond über dem Heidebruch steht.

In den Büschen an der Beeke schlug die Nachtigall, im Bruche schreckten die Rehe – sicher wechselten da Sauen zu Felde – ein würziger Duft von Porst und jungem Birkenlaub wehte sachte zu mir herüber. Da hielt ich es nicht mehr aus: ganz leise griff ich nach Drilling, Fernglas, Mantel und Pürschstock, drückte den Jagdfilz ins Gesicht und stahl mich von der Hütte fort. Noch war ich kaum hundert Schritte weg, da fühlte ich an meinem linken Knie etwas Weiches, Warmes, und mich niederbeugend, sah ich, wie meine alte Hündin schmeichelnd bettelte und bat, sie doch mitzunehmen. Ich kraulte ihr liebkosend den feinen Kopf, und schritt dann rascher aus, um zunächst einmal den großen Weg zu erreichen, der vom Dorfe schnurgerade ins Bruch führt.

An der nächsten Kreuzung verhielt ich den Schritt. Wohin will ich denn eigentlich? Ins Bruch? Die Rehe schrecken dort immerzu, und ich möchte wohl einmal nach den Wiesen, wo die Möglichkeit besteht, mit Sauen zusammenzutreffen. Aber bei dem Nebel und diesem trügerischen Licht? Nein, lieber ein anderes Mal. Und kurz entschlossen schritt ich weiter, dem Moore entgegen, das eine gute halbe Wegstunde weg in der Niederung liegt.

Wundervoll warm ist diese Nacht. Alle Porstbüsche und Birken duften, ein herbwürziger Ruch steigt vom Erdreich, im Graben zur Seite leuchten die silbernen Sterne des Wasserhahnenfußes, und die Nachtigall schlägt mit der Heidelerche um die Wette. Der Lenz ist ins Bruch gekommen, und deshalb ist diese laue Vollmondnacht nicht still und stumm, sondern voller süßer Vogellaute, die aus silbergrauem Himmel über das nebelnde Land perlen.

Wo der Wald aufhört und das Moor beginnt, murmelt die Beeke unter der Brücke. Ich bleibe stehen und lehne am Geländer und schaue in das silberne Wogen vor mir. Lautlos tanzen die Nebelfrauen hier draußen zwischen Krüppelfuhren und Wacholdern, Birkenbäumen und Porstbüschen ihren Schleierreigen. Ganz langsam, schwermütig und gemessen ist dieser Tanz –, und ganz eigenartig und seltsam ist die Musik, die ihm den Rhythmus gibt: das gleichmäßige Murren der Frösche, der in genauen Abständen wiederkehrende Ruf der Zwergrohrdommel – das weiche „Huit" des Tüpfelsumpfhuhnes. So oft habe ich alle diese Laute schon gehört –, aber niemals war mir ihre tiefinnerliche Beziehung zueinander so klar wie heute in dieser lauen, hellen Maiennacht. Jetzt weiß ich, daß sie zueinander gehören, sie und das Wimmern der Kiebitze in den Moorwiesen, das klagende Flöten des Brachvogels und das Bellen der Sumpfeulen – alles Laute, die das Geheimnis dieser Lenznacht unterstreichen.

Langsam bummele ich weiter, zweck- und ziellos. Ach, es tut so gut, einmal – und sei es auch nur für eine Stunde in der Nacht – zweck- und ziellos, ohne Wünsche und losgelöst von allem Zwang des Alltags, durch Urland und Bruch zu wandern. Ein Reh schreckt vor mir auf dem Damme im Dämmern – ganz von selbst biege ich in den nächsten Querweg ein, um es nicht noch mehr zu vergrämen. Die Birken schlagen über mir zusammen, ihre weichen, zarten Blätter streifen kühl und lind mein Gesicht, betäubend schlägt mir ihr herber Juchtenduft entgegen. Dieser Duft,

den ich mehr liebe als den Geruch der Rosen und Reseda-
blüten, eben, weil er so erdgebunden, so streng und herbe
ist. Nun wird es hell vor mir: die Moorwiese ist es, die
mitten zwischen den Birkendickungen liegt, und unverse-
hens stehe ich vor der Plaggenhütte, die wir uns hier
erbauten. Ich stoße die Tür auf, lasse mich, nun doch ein
wenig müde, auf die Binsenstreu sinken, stelle den Drilling
in die Ecke und bin im Umsehen eingenickt.

Lange kann ich nicht geschlafen haben. Ein wenig steif von
der ungewohnten Lage, aber doch wunderbar erfrischt
durch die würzige Luft, die zur offenen Tür hereinströmte,
stehe ich auf, horche, trete vor die Tür und horche wieder.
Dumpf dröhnt das ganze Moor vom Rodeln und Trommeln
der Birkhähne. Ist es schon so spät, daß die Hahnenbalz
bereits im Gange ist? Ein Blick nach der Uhr: kaum ein
Uhr in der Nacht ist's. Birkhahnbalz im Mondenschein!
Nur selten erlebt man sie und nur in wenigen lauen Maien-
nächten –, und solch eine Nacht ist auch heute. Von überall
her kommt durch den Nebel das Zischen, Schleifen und
Kullern der Hähne, übertönt das Meckern der Bekassinen,
das Klagen der Kiebitze und das Seufzen der Mooreulen –,
und dann brausen harte Schwingen, unsichtbar für mich,
durch die Nacht, und auf der Wiese vor mir fällt der
Platzhahn ein, der sich diesen Fleck mitten im Moor zur
Tanzbühne erkoren hat.

Ich bin schnell wieder in meine Hütte zurückgetreten –, ich
sitze auch noch darin, als längst das fahle Frührot über den
Wäldern leuchtet und den nahenden Morgen kündet –, und
die Zeit wird mir nicht lang, denn sieben Hähne sind bei
mir und balzen wie toll. Wenn die Nebelfrauen auf einen
Augenblick im Moore verschwinden, sehe ich sie auch –
aber der Gedanke, einen davon zu schießen, kommt mir
nicht. Ich darf einen Hahn schießen – aber morgen oder
übermorgen ist dazu noch Zeit genug – diese Nacht, diese
gesegnete Maiennacht soll zu Ende gehen, ohne daß ein
Schuß jäh und rauh ihren Zauber zerreißt.

Am Fuchsbau in der Maiensonne

Über den Buchenberg flutet das Sonnengold. Zartgrün, beinahe durchsichtig, schimmern die jungen Blätter, die das Grau der alten Stämme mit duftigem Schleier verbrämen, und über das tote Laub am Boden hüpfen und tanzen goldene Kringel und Kreise. Gelbe Falter taumeln durch den Frühlingswald, und dicke Hummeln im braunen Pelzröckchen brummen gemütlich um die Blüten des Bärlauchs, des Bingelkrautes und der Goldnesseln, die in dicken Büscheln überall dort wachsen, wo ein bißchen mehr von dem goldenen Licht zur Erde fällt.

Oben am Berge, wo der Hang unter den Klippen nicht ganz so steil abfällt, schimmert heller Sand vor dunklen, gähnenden Röhren, die dort in die Tiefe führen. Das ist der alte Mutterbau, der hier, solange man denken mag, im Buchenwald liegt. Gräwing, der Dachs, wird ihn in fleißiger Arbeit einst angelegt haben, vor hundert, vielleicht auch vor zweihundert Jahren – wer weiß das? Im Laufe dieser langen Zeit hat der Bau oftmals seine Bewohner gewechselt: mal waren es Dachse, die dort hausten, dann Reinekes Sippe, die da im Hornung wilds Freite feierte, manchmal auch Wildkatzen, ab und an Edelmarder oder auch Ilke. Unbewohnt war der weitläufige Felsenbau nie, dazu war er zu tief, zu warm und zu sicher. Teckel und Terrier konnten dem Raubwilde im Gewirr der Klüfte und unterirdischen Kamine nichts anhaben, und graben kann man diesen Bau nicht. So beschränkte man sich darauf, von dem alten Hochsitze in der Krone der breitästigen Buche dann und wann einen Fuchs, einen Dachs oder auch – je nachdem, wie es kam – ein anderes Stück Raubwild mit Pulver und Blei zu erbeuten.

In diesem Frühjahr nun hat der Bau zweierlei Besitzer: den größeren Teil bewohnt Gräwing, den kleineren Reineke Rotvoß, der hier seine Wochenstube aufgeschlagen hat. Sechs Jungfüchse hat die Fähe Anfang April hier gewölft, und jetzt sind die kleinen Kerlchen so weit, daß sie tagsüber in der warmen Maiensonne spielen.

Spielende Jungfüchse vor dem Bau aber sind das Schönste, was ich mir in der freien Wildbahn denken kann: darum habe ich mich heute an diesem wundervollen Maientage schon zeitig in der alten Buche angesetzt, um wieder einmal dem reizvollen Spiel zuzuschauen. Langeweile werde ich nicht haben – für alle Fälle aber habe ich mir ein Buch eingesteckt; so kann ich es hier oben schon etliche Stunden aushalten.

Ich versuche zuerst auch zu lesen – aber wer kann denn lesen, wenn im maiengrünen Buchenwald die Sonne lacht, die Vögel singen und die Falter tanzen? Schon nach den ersten Zeilen stecke ich mein Buch in die Tasche –, denn über mir in der Buche ist ein Kuckuck aufgehakt, und mir scheint's, als lache er mich regelrecht aus. Na warte, dich werde ich ein bißchen foppen! Und mitten in sein Rufen falle ich ein „Hugug, huguck, huguck!" Jäh bricht der Rufer über mir ab, aber nur einen Augenblick, dann setzt er von neuem ein, schneller als vorhin, und nun gar breitsilbig „Huguguck! Huguguck!" Ich schweige – aber das reizt den Gauch nur um so mehr; wütend kommt er tiefer ins Geäst, und ärgerlich klingt es dicht über mir „Chau, chau, chau!" Unter dem Hutrand schiele ich nach oben – da sitzt der Vogel fast zum Greifen nahe, fächert den Schwanz mit den weißen Tupfen, dreht die gesperberte Brust und gerät mit jedem Rufe mehr in Wut.

Auf einmal aber habe ich für ihn keine Zeit mehr, denn unter mir vor der einen Röhre ist eine Bewegung: ein spitzer Fang schiebt sich heraus, zwei listige Seher, zwei steil aufgerichtete Gehöre sind einen Augenblick sichtbar, verschwinden, kommen wieder – und dann kollern auf einmal fünf, sechs Füchslein aus der Röhre, blinzeln ein wenig ins helle Sonnenlicht, heben den Fang, schnuppern, schnüren ein paar Schritte voran, setzen sich auf die Keulen und plötzlich – ich weiß nicht, wie es kam – geht die Balgerei los. Das wollte ich ja gerade sehen! Über- und unter- und durcheinander purzeln die kleinen Kerlchen, haschen nach den kurzen Stummelruten, fassen sich ins Genick, schütteln und beuteln sich ernsthaft untereinander ab und keckern und knurren ganz wie die Alten. Man sieht den tiefen Sinn im kindlichen Spiel auch hier auf den ersten Blick. Die Federn, die Knochen, die Halme, die da auf dem Bau liegen – sie alle müssen dazu dienen, den unbändigen Spieltrieb der kleinen Burschen zu befriedigen. Und auch hier zeigt sich schon eine gewisse Auslese: das Recht des Stärkeren macht sich bereits bei diesen Welpen geltend; denn der eine, der größte – ich nehme an, daß es ein kleiner Rüde ist – zwickt und zwackt seine schwächeren Geschwister jetzt schon nach der Schwierigkeit. Der wird sich später schon durchsetzen!

Plötzlich purzelt die ganze Gesellschaft in die nächste Röhre. Was ist denn los? Ich schaue mich vorsichtig um, denn ein trockenes, kurzes Kläffen kam hinter mir aus dem Bestande. Die Fähe! Sie hat Wind von mir bekommen – hier kriselt ja immer die Luft! – und ihre Welpen gewarnt. Ich habe das öfter erlebt: wenn ich mit gutem Winde am Bau saß, erschien manchmal ein Altfuchs hinter meinen Rücken, bekam Wittrung von mir und verschwand. Auch die Fähe hat sich empfohlen, und so steige ich, weil weiteres Warten ja doch zwecklos ist, vom Hochsitz und wandere auf dem Pürschwege entlang nach der Hütte.

Wenn der Berg weiß und der Fuchsbalg silbern schimmert, wollen wir Wiedersehen feiern . . .

Der schwarze Bock

Still und ruhig liegt der Hausbusch des alten Heidhofes in der Maiensonne. Die Hühner kakeln in den Fuhren, die Enten schnattern im Fürteich hinter dem Grasgarten, faul rekelt sich „Karo", der Hofhund, vor seiner Hütte. Um die Apfelblüten im Garten summen die Immen, fliegen schwirrend um den Schweinestall –, eine Elster schackert in den Hofeichen –, alles das gehört zum Mittagsfrieden des einsamen Hofes mitten im Bruch.

Gleich hinter dem Grasgarten schiebt sich eine kleine Wiese in den Hausbusch hinein. Von den Fenstern der Dönze kann man sie völlig übersehen, und auch vom Backenstuhl neben dem alten gußeisernen Beilegeofen mit dem springenden hannoverschen Pferd und dem Wappen der Welfenfürsten. Dort pflegt der alte Bruchbauer seine Mittagsrast zu halten, und da sitzt er auch jetzt wieder, blinzelt in die Maiensonne und läßt die Augen über die kleine Wiese wandern: von der dicken Eiche auf der einen bis zu der mächtigen Schirmfichte auf der anderen Seite. Immerzu gehen die Blicke des alten Mannes hin und zurück, jetzt aber bleiben sie an dem dunklen Fleck drüben vor der blaugrünen Fuhrenwand haften, und befriedigt lächelt der Alte vor sich hin.

Der dunkle Fleck drüben vor der Dickung bewegt sich jetzt, wird größer und größer, und nun steht auf einmal mitten auf der Wiese breit und blank im Mittagssonnenschein der alte starke, schwarze Bock, der jeden Tag pünktlich um diese Stunde auf den grasigen Fleck hinter dem Hofe auszutreten pflegt.

Fünf Jahre kennt der Alte, kennen alle Bewohner des Bruchhofes den Schwarzen, und ebensolange kannte der Bauer vorher seine Mutter, die starke Altricke mit dem eisgrauen Grind. Er weiß es noch ganz genau, als die Ricke eines Tages um Pfingsten mit dem schwarzen Kitzlein auf der gleichen Stelle, wo eben der Bock austritt, auf die Wiese wechselte. Auf seinen merkwürdig steifen Läufen konnte das kleine Ding der Alten zuerst kaum folgen, aber mit jedem Tage wurde es gelenkiger und wendiger, und zu lustig sah es aus, wenn der kleine pechschwarze Kerl in tollen Sprüngen über die Wiese hin- und herfegte. Der Altbauer ist ein ernster Mann, und nur selten huscht ein Lächeln um seine engen Lippen, aber wenn der Jungbock so quicklebendig umhertollte, dann strahlte sein braunes zerknittertes Gesicht mit den tausend Falten und Fältchen jedesmal, niemals vergaß er bei solcher Gelegenheit zu sagen: „Holt mi ja den Karo wisse!"

Nun, der Karo war besser als sein Ruf. Er hetzte in den hellen Frühherbstnächten wohl einmal die Sauen und die Hirsche von den Feldern vor dem Hofe, aber merkwürdig, an die Rehe traute er sich nicht heran. Er hatte da einmal eine böse Erfahrung gemacht: als er noch ein dummer Junghund war, hatte ihn der alte graue Spießbock, der vor Jahren seinen Stand im Hausbusch hielt, einmal halbtot geforkelt, als er sich an ihn herangewagt hatte. Nein, von dem Karo hatte der Bock nichts zu befürchten.

Nur wenige schwarze Rehe gibt es im Bruche, und es ist schwer zu sagen, welches davon in die Ahnenreihe des Bockes vom Hausbusch gehört. Die Schwarzen stehen eigentlich auch sämtlich weit hinten im Moor. Aber zur Brunftzeit machen die Böcke ja oft weite Fahrten, und so wird einer von den Schwarzen aus dem Moore bei solcher Gelegenheit auch einmal bis nach dem Bruchhofe gekommen sein. Jedenfalls blieb der schwarze Jungbock seiner Heimat treu, auch dann noch, als er im dritten Jahre ein leidliches Sechsergehörn aufsetzte. Er hatte ja hier auch alles, was das Herz eines Rehbockes erfreuen konnte: gute Äsung, warme sonnige Fleckchen im Busche und vor allem Ruhe. An den Lärm der spielenden Kinder, das Bellen des

Hundes, das Klappern der Wagen, das Brüllen des Rindviehes und alle die anderen Laute, die es auf einem Hofe gibt, hatte er sich bald gewöhnt und sie als ungefährlich erkannt, andere Menschen kamen überhaupt nicht in den Hausbusch, höchstens einmal die Jäger.

Sie kennen den Schwarzen natürlich auch. Die Jagdhütte liegt ja gar nicht weit hinter dem Bruchhofe. Aber der Jagdherr ist keiner von der Art, die alles gleich auf den Kopf stellen muß, was irgendwie auffällig ist. Er freute sich genauso wie der Altbauer über den Bock, und als er erst wußte, daß der Alte vom Bruchhofe den Schwarzen gewissermaßen als Haustier betrachtete, da dachte er erst recht nicht daran, den Bock zu schießen. Mit der Zeit ist der Bock so vertraut geworden, daß er kaum aus dem Bett aufsteht, wenn einer von den Jägern den Weg nach dem Bruchhofe geht. Und wenn Gäste kommen, die gern einmal schwarzes Rehwild sehen möchten, so wird ihnen der Schwarze gewissermaßen als Paradestück vorgeführt, denn er ist zu jeder Zeit irgendwo im Hausbusch oder auf einer der Wiesen und Lichtungen rundherum anzutreffen. Und er ist es wahrscheinlich auch gewesen, der die wundervollen Stiefmütterchen auf dem Beete vor dem Jagdhause abgeäst hat – aus der Erkenntnis heraus, daß Stiefmütterchen da nicht hingehören.

In diesem Jahre trägt der Schwarze ein zwar hohes, aber schlecht verecktes und verbogenes Gehörn. Danach wäre er im Sinne der neuen Richtlinien ein Abschußbock, wie er sein soll. Aber niemand von den Jägern würde Gefallen daran finden, den beinahe zahmen Bock umzubringen –, und so wird er wohl so lange leben bleiben, bis er von selbst umfällt.

Der Alte vom Berge

Über den Buchen im Berg brütet die Mittagshitze. Fahlgrün blitzen die blanken Blätter in der blendenden Sonne, und in flimmernden Kringeln tanzt das Licht durch die dichten Kronen, huscht um die schlanken silbergrauen Stämme und zittert über rotes Fallaub und hellgrünes Bingelkraut. Betäubender Geruch von totem Bärlauch mischt sich mit dem süßen Duft welken Waldmeisters. Kein Vogel singt mehr –, nur dann und wann rätscht der Markwart oder eine Misteldrossel schnärrt in den hohen Buchenkronen. Und hoch überm Kamm tönt schwermütig aus stahlblauer Luft des Rotmilans trillender Ruf.

Seit einer Woche birsche ich nun schon am Berg. Denn der Sommer ist ins Land gekommen und mit ihm die hohe Zeit für den roten Waldfreiherrn, den heimlichen Bock – die hohe Zeit, die ihn ruhelos der Fährte des brunstigen Schmalrehes durch hohe Buchenorte und verschwiegene Dickungen folgen läßt, ihn, den Starken, dem mein Sehnen gilt, nun schon eine ganze Woche lang. –

Tief drinnen im Wald weiß ich einen heimlichen Ort. Steil stürzen von drei Seiten die Wände ab, einen verschwiegenen Waldkessel bildend, und zwei Bergköpfe halten an der vierten offenen Seite, wo der Blick durch eine Lücke in den Kronen hinausschweift über das bunte Land, über dem einzigen Weg, der in die Waldschlucht hinaufführt, die Wacht. Böse hat der Wintersturm hier gehaust, alle die stolzen Buchen der einen Wand warf er durcheinander, wild starren die kahlen Wurzeln der Wurfböden empor –, und Tollkirschen und Traubenholder, schlanke Kreuzkräuter und schönblühende Disteln machen sich da breit, wo noch im Vorjahre die grünen Kronen rauschten. Auch an der anderen Wand forderte der Oststurm seine Opfer;

dürres Reisig liegt da in Menge, und zwischen zusammengewehtem Winterlaub wuchert handlanger Buchenausschlag. An der dritten Seite stockt gegen den Kamm zu die große Eichendickung, die sich zwischen den steilen Klippen über die Grenze auf dem Kamme bis ins Braunschweigische hinzieht. Selten kommt eines Menschen Fuß hierher, die paar Beerensträucher locken keinen Sammler, und die schwarzen Totentrompeten drunten an der Quelle läßt selbst Pilzludjen stehen, der doch sonst an Schwämmen mitnimmt, was er findet.

Zwischen zwei Wurfböden am Hang habe ich mir ein bequemes Plätzchen gebaut. Tagaus, tagein sitze ich da, wenn die Sonne über dem Kamme steht und der Mittag durchs Land schreitet, sehe dem Treiben der Rehe zu, die dann wie rote Schatten durch die hohen Buchen huschen, bald hier auftauchen, bald dort verschwinden – rauche meine Jagdpfeife, schaue und träume, wenn die Stille durch den Wald geht und alles Getier von den Strahlen der sengenden Sonne untergetaucht ist in kühl-dämmernder Dickung. Wenn dann weit im Tale drunten die Mähmaschinen wieder rasseln, birsche ich weiter bergauf, bergab – immer dem einen Bock zuliebe, den ich am ersten Tage hier im Bergkessel gesehen: den Starken mit den blitzweißen Enden, der wie ein Gespenst überall und nirgends umhergeistert, nicht Stand noch Wechsel hält, und den ich haben will, den und keinen anderen.

Der Wirt unten im Dorf lacht mich aus. An den Wollberg soll ich gehen und den Sechser schießen, der dort Abend für Abend aus dem Staatsforst auf den Klee tritt. Ja, den hätte ich schon dreimal, wenn ich nur wollte. Aber ich will nicht; denn nichts ist mir langweiliger, als stundenlang auf einem Fleck zu hocken, immer die rußgeschwärzte Fabrik vor mir zu haben und die eintönige Drahtseilbahn, die in genau abgemessenen Zeitmaße ihre Kohlenkörbe aus der Grube am Hang in das qualmende Gebäude da unten abliefert. Birschen will ich und allein sein im weiten Wald und lieber als Schneider heimfahren, als einen angebundenen Bock aus dem Ansitzloche totschießen.

Und so sitze ich heute wieder im zerklüfteten Kessel und denke an all das Schöne, was mir die letzten Tage beschert. Am Mittwoch war's, da trieb drüben am Hang, wo die Tollkirschen wachsen, der Starke sein Schmalreh, droben am Kamm flitzten zwei andere rote Schatten; der abnorme Bock und die alte Ricke, und auf mein Blatten sprang mir von unten, wo die Quelle murmelt, ein Spießbock. Hei, wie der Starke mit dem zurückgesetzten Gehörn da den Abnormen auf den Schwung brachte. Bis über die Grenze ging die wilde Jagd der beiden brunftigen Böcke, und derweil vergnügte sich Spießböckchen mit dem zierlichen Schmalreh, das der Alte so schnöde allein gelassen. Aber nicht lange dauerte die Freude, und wie das Donnerwetter sauste der Herr im Kessel auf den Jüngling los und trieb ihn hangab, hangauf bis in die Tiefensiek, von wo er gekommen. Als er dann zurückkam, bummelte er mit seiner Liebsten gemächlich oben durch den hohen Buchenort – unerreichbar für meine Kugel. Und dann der Freitag! Ja, da hätte es beinahe geglückt, wenn – ja wenn mein Freund nicht grad' in dem Augenblick, wo ich den Alten nach allen Regeln der Kunst anbirschte, den Abnormen geschossen hätte. Auf den Schuß, den das Echo siebenmal in den Wänden zurückwarf, flüchtete der Bock bergauf, und ich sah ihn droben über dem Kamme in der feindlichen Dikkung verschwinden.

Und vorgestern, am Sonnabend, da wollte es auch nicht passen. Müde von der Morgenbirsch saß ich zwischen meinen Wurfböden, den ganzen gegenüberliegenden Hang leuchtete ich mit dem scharfen Glase ab – nirgends ein roter Fleck, tot war der Wald. Und ich saß und wartete, sah den Baumweißlingen zu, die über die blühenden Distelköpfe tanzten, ließ mir von den Waldhummeln etwas vorsummen, horchte auf das Knistern der Mäuse im trockenen Laub und gab mich ganz der wohligen Mittagsstille hin.

Und gar nicht lange dauerte es, da war ich eingenickt, und im Traume sah ich, wie ein Urbock mit armdicken Stangen immer im Kreise um mich herum sein Schmalreh trieb. Darüber wachte ich auf und –, war es Wirklichkeit? Drüben am Hang in den Jungbuchen stand mein Bock, sicherte nach mir herüber, drehte mir dann den Spiegel zu, und dahin zog er. Ich aber steckte mir einen Toback an und dachte an das schöne Lied von den drei Jägern, die den weißen Hirsch erjagen wollten.

Heute bin ich nicht allein. Den ganzen lieben Vormittag bummeln wir beide, meine Frau und ich, am Berg umher, naschen von den letzten Erdbeeren am Steinweg, kosten die süßen Himbeeren auf dem sonnigen Schlage, tauchen im hohen Buchenorte des Jägerkopfes unter, wo ein Gabelbock treibt, lauschen auf des Rotmilans schwermütiges Trillern und des Bussards miauenden Katzengeschrei, horchen auf den Tauber in den Tannen und birschen dann in den heimlichen Kessel, wo der Starke steht. Hier sitzen wir nun gedeckt im Wurzelwerk der gestürzten Buchen und freuen uns über den Zaunkönig, der mit vielem Gezeter und Gezank seine flügge Brut atzt, und sehen dem Häher zu, der mit lächerlicher Wichtigkeit seine Bauchrednerkünste zum Besten gibt. Und dann essen wir von den guten Sachen aus des Rucksacks Tiefen –, ich brenne mir eine Pfeife an, lehne mich zurück und träume.

Um ein Jahr gehen die Gedanken zurück. Auch damals war's ein Sommertag, und drüben über der Wand drohte das Wetter. Schwül war es unter den hohen Buchen, und drückend lastete das Schweigen auf dem durstenden Land. Wie heute saß ich an steiler Wand und wartete auf ihn, dem auch jetzt mein Weidwerken gilt. Und plötzlich vor mir ein Knacken, wie wenn ein dürres Reis vom Baume bricht, und langsam, ganz langsam richtete ich mich auf. Und dann ein graues Haupt und eine stolze Sechserkrone darüber – und urplötzlich ein furchtbarer Wetterstrahl, gleitender Sturz und heller Kugelschlag – und als ich mich aschfahl mit rauchender Büchse aus dürrem Geknäst erhob, da sah ich dicht vor mir das zersplitterte Buchenstämmchen –, noch heute fröstelt's mich, wenn ich daran denke, wie nahe damals der kalte Tod bei mir gestanden.

Im Tale schlägt die Turmglocke – drei Uhr. Es hat keinen Zweck mehr. Langsam birschen wir weiter, dem Kamme zu. Aber da reißt's mich zusammen. Denn das, was da drüben zwischen den Stämmen auftaucht, das ist er, der Alte. Hubertus hilf! Mit wiegendem Haupte zieht der Bock den Hang hinab, in den Quellengrund hinein. Nur dieses Mal – Hubertus hilf! Da taucht der rote Fleck auch schon oben in den Tollkirschen unter; der Alte nimmt den Wechsel an, auf dem er mir kommen m u ß . Sekunden werden zu Ewigkeiten; das Bockfieber schüttelt mich –, wild klopft das Herz im Halse. Und nun schiebt es sich graurot hinter dem Wurfboden hervor, verhoffend sichert der Bock mißtrauisch zu uns herüber, langsam senkt er den Grind, um blitzschnell wieder aufzufahren – ja, du ganz Geriebener: uns täuschst du nicht. Stockstarr stehen wir –, da endlich schlägt er einen Bogen, um in den Wind zu kommen. Nun ist er hinter der dicken Buche –, der Drilling fährt auf, da steht der Bock auch schon frei. Noch einmal umfasse ich das Bild, den roten Bock auf grünem Grund, dann sucht das Korn das Blatt – ein Blitz, donnerndes siebenfaches Echo in den Wänden, und schlegelnd stürzt der Bock zwischen den Tollkirschen zusammen.

Und dann stehen wir stumm vor dem Alten vom Berge. Grün schimmern die Lichter, noch trotzig im Tod; stolz blitzen die langen Dolchstangen über dem eisgrauen Haupt. Und langsam tauche ich den frischen Buchenbruch, den meine Frau mir brach, in das rote Leben, das in funkelnden Rubinen ins tote Laub hinabperlt.

Der letzte Edelfalke

Hoch oben am Berg ragen trotzig und starr aus dem grünen Walde die grauen Klippen. Vor Zeiten war's einmal ein ganzes Steinband, das sich da oben entlangzog als Zeuge der gewaltigen Naturkräfte, die einst Felsen emporgehoben und Gebirge in die Tiefe stürzten. Aber im Laufe der Jahrtausende hat der Zahn der Zeit tiefe Klüfte und Kamine in dem grauen Dolomitgestein ausgewaschen; gewaltige Blöcke stürzten herab, und mächtige Platten reckten sich zerrissen und verwittert über den jähen Abgrund hinaus. Weit, weit schweift der Blick von da ins Land, über Dörfer und Dörflein, Wälder und Wiesen, Felder und Fluren bis hin an die blauen Berge, die sich jenseits der Ebene in den blauen Himmel heben.

Am schönsten ist die Fernsicht von der steilen Doppelklippe, die gerade über dem Dorfe aus dem Hochwald emporsteigt. Hirschzunge wächst um ihren Fuß, seltsame Flechten und Moose überziehen die verwitterte Steinkruste, und aus den Ritzen und Löchern, wo sich im Laufe der Jahre eine dünne Schicht Mutterboden gebildet hat, sind seltene Gräser und Kräuter emporgewachsen – von weither trug der Wind ihre Samen. Kein gewöhnlicher Mensch wagt es, da hinaufzuklimmen. Von unten geht's schon gar nicht, und wer oben wirklich auf die niedrigste der beiden Platten gelangt ist, scheut doch den Sprung von der schrägen Klippe, wo der Fuß nur mühsam Halt sucht, über den gähnenden Abgrund, der die beiden Felsköpfe trennt. Einsam, unbezwungen droht das graue Gestein über dem rauschenden Wald.

Den Falkenstein heißt man die ragende Klippe. Denn seit unvordenklichen Zeiten horsteten da oben die letzten Edelfalken weit und breit. Ende März, wenn die Sonne den Spätschnee von den Felsen leckte und drunten im Buchenwald die ersten Leberblumen und Windröschen ihre Blüten aus dem toten Laub hoben, kamen die Falken von der Reise zurück an die Klippen im winterlich düsteren Wald. Wenn's dann mittags im Sonnenschein so schön warm war und kein Wölkchen den weiten, blauen Himmel trübte, dann stiegen die beiden stolzen Vögel in die Luft, zogen Kreis um Kreis und schraubten sich höher und höher, bis sie das suchende Auge zuletzt als winzige Punkte da oben im unermeßlichen Luftmeere entdeckte. Und nur ganz, ganz schwach klang ihr heller Ruf aus der Höhe in den Wald. Tagelang, wochenlang trieben sie dies Spiel über der hohen Klippe, bis eines Tages, wenn die Buchen ihr seidiges Hochzeitskleid angezogen hatten, nur ein Vogel da oben die Kreise zog und auch dann nur kurze Zeit und von Tag zu Tag seltener. Auf dem grauen Felsen aber saß das Weibchen und brütete.

Während der Brutzeit war's stille an der Felswand. Der andere Vogel jagte viele Meilen weit weg, um ja die heimische Burg nicht zu verraten, heute im Norden dicht vor der großen Stadt, morgen im Süden über sieben Bergzügen weg; dann tauchte er an der Weser auf und wieder einmal über den dunklen Harzforsten. Ungeheuer groß war sein Jagdgebiet. Und wo sein Flugbild mit dem langen Stoß und den schmalen Flügeln am Himmel auftauchte, da drückten sich Lerchen und Rebhühner in die Ackerfurchen; die Tauben verkrochen sich in die dichtesten Fichten, und Drosseln und andere Kleinvögel stürzten ins tiefste Gebüsch; Schrecken kam über die Enten und Entsetzen unter die Fasanen; und alles versteckte sich. Denn sie wußten ganz genau, daß der Räuber sein Opfer nur im F l u g e schlug, und möglichst den einzelnen Vogel. Darum schlossen sich die Ringeltauben zu dichtem Schwarm zusammen. Wehe derjenigen, die sich vom Haufen absonderte! Mit wenigen reißenden Flügelschlägen war der Räuber schräg über ihr, sauste herab, und unter einem einzigen Griff der dolchspitzen Fänge verblutete das Opfer. Und glückte es wirklich einmal nicht, so blockte der Falke ganz ruhig in der Nähe auf, zog den Kopf zwischen die Schultern und wartete, bis die Ahnungslosen alle Gefahr vorüber glaubten und dann dem Stößer um so sicherer zur Beute fielen.

Eine wahre Geißel wurde der kühne Räuber für alles Flugwild der Gegend, alles war ihm untertan. Dutzende von Drosseln und Tauben, Rebhühnern und Fasanen, Schnepfen und selbst Enten verbluteten in seinen Fängen. Längst wären der Opfer nicht so viele gewesen, wenn nicht der feige Gabelweih und der plumpe Bussard vom Raube des Edlen ihren Teil forderten. Denn so wie der Wanderfalke einen Vogel geschlagen hatte, stellten sich die Schmarotzer ein und stießen solange nach ihm, bis er, der Starke, ihnen widerstandslos die Beute überließ, sein Jagdglück an anderer Stelle aufs neue versuchend.

Als die Jungen aus den Eiern gefallen waren, wurden die Raubzüge beider Alten kühner und häufiger, denn nun galt's ja, die hungrigen Kleinen auf dem grauen Steine zu versorgen. Und je größer die jungen Falken wurden, desto mehr wuchs auch die Sorge der Eltern. Alle paar Stunden hörte man da oben auf der Klippe das hungrige Gieren, wenn einer der alten Vögel mit Raub zu Horste flog. Gedeckt strich das Männchen zwischen den Baumkronen heran, stieg blitzschnell an der Klippe empor und hakte jäh auf der breiten Platte vor dem Horste auf. Da saß er, der edle Vogel, lüftete die schwarzblauen Flügel, fächerte den Stoß und sicherte mit blitzenden Augen umher, ob auch keine Gefahr in der Nähe drohe. Schlohweiß leuchteten die gesperberte Unterseite, die Kehle und die Backen mit dem schwarzen Bartstreif. Und dann begann er, die Beute zu zerlegen. Späterhin brachte er den Raub nur zu Horst, und die Falkenkinder rissen ihn selbst auseinander. Bei dieser Kost wurden sie groß und stark, und bald saßen sie, kaum flügge, in den Buchen unter der Klippe, um die heimkehrenden Alten zu erwarten. Wenn aber im Tale die Bauern das Heu von den Wiesen holten, dann zogen auch sie in die Welt hinaus, um selbst das flüchtige Huhn und den ziehenden Fasanen zu jagen. Keines kehrte in die Heimat zurück, das eine flog weit nach Norden, wo die dunklen Föhrenforsten zwischen stillen Mooren liegen, das andere gen Süden, wo die Buchen auf den Bergen rauschen, das dritte in die Klippen und Klüfte des Waldgebirges, das in blauer Ferne den Horizont säumte. Auch die Alten streiften umher, und öde und verlassen starrte die graue Doppelklippe hoch oben im Wald.

Seit unendlichen Zeiten ist das so gewesen, jahraus, jahrein. Nun ist auch das vorbei. Irgendein schießwütiger Spitzbube hat den beiden aufgelauert –, er wollte ja auch mal einen Wanderfalken auf der Schußliste haben. Als im dritten Kriegsjahre nach schwerer Winternot der Lenz ins Land zog, und im Bergwald alle Vögel schlugen, da blieb der Horst auf dem Felsen leer. Wohl waren die Falken von der Winterreise zurückgekommen, aber zum Brüten kamen sie nicht. Die Gräser wucherten über die morschen, vorjährigen Reiser, und der Wanderer, der auf dem Steinweg unter den Klippen durch den Bergwald stieg, suchte vergebens die stolzen Vögel hoch oben im Himmelsblau. Wohl zog der Bussard seine Kreise, auch des Turmfälkchens helles Keckern klang von der Felswand ins Tal. – Aber nie mehr werden die beiden Wanderfalken ihre Spiralen über dem grauen Stein ziehen, nie mehr wird der edle Vogel auf der hohen Klippe aufhaken und den gierenden Jungen den Raub zerreißen. Die Tauben und Rebhühner und Drosseln haben Ruhe vor ihm, denn niemals mehr wird eines von ihnen in den Fängen des kühnen Räubers verbluten. Vorbei ist alles. Ein Naturdenkmal mehr ist verschwunden aus unserer Heimat. Leer steht die Raubburg auf dem hohen Stein. Die Wolken werden über den hohen Berg ziehen, die Frühlingsstürme durch die Wipfel brausen jahraus, jahrein, nie wieder werden die stolzen Vögel zurückkehren auf ihren Falkenstein.

Wenn ich aber auf der Fahrt vom Zuge aus die einsame Klippe im ragenden Bergwald leuchten sehe, dann werde ich mit Wehmut an sie zurückdenken: die letzten Edelfalken.

„Des Morgens zwischen drei'n und vieren"

Der Regen, der seit Mitternacht unaufhörlich auf das Dach der Jagdhütte rieselte, hat aufgehört. Leise stoße ich den Fensterladen auf – wahrhaftig, durch das Blätterdach der Eichen lugen einzelne Sterne. Weich und warm strömt die Nachtluft in den Raum, und vom Bache herüber kommt der süße Duft des Waldgeißblattes. Ganz weit weg in den Wiesen knarrt der Wachtelkönig sein eintöniges „Err-örr-err-örr"; in der Heide schnurrt der Ziegenmelker, und im Buchwalde schrecken die Rehe. Einen Augenblick lausche ich danach hin, dann weiß ich Bescheid. Vor der Dübelsloh muß es sein –, und damit ist auch schon mein Plan für die Frühpürsch fertig: die Sauen, denen es heute gelten soll, werden dort in Schilf und Rohr, in Bruch und Mulm nach Mast brechen und dabei den Rehen zu nahe gekommen sein. Rehwild und Schwarzwild vertragen sich nicht; die Rehe wissen aus Erfahrung, daß eine Sau mit einem hilflosen Kitz nicht viel Federlesen macht.

Der Kaffee auf dem Herde in der Küche ist noch leidlich warm –, und beim Kerzenscheine schmeckt das Stück Brot aus dem Kasten, auch wenn es schon etwas trocken ist, zu dem warmen Trank ganz vorzüglich. Dann lange ich den Drilling vom Haken, leine den Teckel an, schließe leise die Tür und trete hinaus in die Sommernacht. Es tropft noch gleichmäßig von allen Zweigen, es gluckert im Bache, es raschelt im Riedgras am Wege. Leuchtkäfer glänzen im Laub, auf der Wiese, die nun vor mir auftaucht, tanzen die Nebelfrauen. Eine kurze Spanne lausche ich, ob auch kein Wild abspringt, dann aber verschluckt mich wieder der schwarze, geheimnisvolle Buchwald. Kein Fremder würde in dieser Finsternis den Weg finden, mir aber ist jeder Schritt vertraut, und sicher wie im Sonnenlicht schreite ich rüstig und doch leise durch die hohen Fichten, bis sich nach einer Weile wieder der Wald aufhellt und im fahlen Dämmer die Wiesen vor mir beginnen.

Drei Uhr schlägt ganz weit über dem Bruche eine Kirchenglocke. Beim letzten Schlag fällt der Kuckuck ein, und geradezu geisterhaft klingt das dunkle Geläut seines Rufes über das weite Bruch. Ich liebe diesen Ruf über alles, heute aber, in dieser Nachtstunde, erscheint er mir geradezu wie eine Stimme aus einer anderen Welt. Eine ganze Weile lausche ich ihm wie immer auch jetzt, dann schleiche ich, vorsichtig den Wind beachtend, zwischen Wiesen und Wald der hohen Fuhrengruppe zu, wo dicht über dem Flusse eine alte Kanzel den Sauwechsel beherrscht, der hier, von den fernen Feldern kommend, durch Porst und Bülten, Rohr und Schilf das Flüßchen durchquert. Den Teckel im Rucksack klimme ich lautlos die Sprossen empor, schiebe den Hund in das Heu unter dem Sitz, lade die Waffe, brenne die Pfeife an und hocke mich dann still in die Ecke. Von hier aus kann ich sowohl die Wiesen am Flusse, wie auch das Stück Heideland auf den Horsten, die zwischen dem Grase stehengeblieben sind, übersehen.

Im Osten hellt es sich auf –, aber noch haben die Sterne über mir ihren gleichen Schein wie in tiefer Nacht. Irgendein Stück Wild raschelt unter mir im langen Rohr. Vielleicht ist's ein Fuchs oder auch ein Reh – eine Sau aber ganz gewiß nicht. Wieder schlägt die Glocke; eine halbe Stunde ist wieder einmal im Meere der Ewigkeit zerronnen. Ganz langsam graut es nun ab. Im Rohre drüben über dem Flusse knackt und bricht es laut. Schneller schlägt mir mein Herz im Hals –, mit dem Glase suche ich das Dämmerdunkel zu durchdringen, das noch immer über dem Bruche liegt. Jetzt bewegt es sich drüben auch ganz deutlich, zwei, drei Schatten schieben sich durch das Schilf, und nun weiß ich auch, was für Wild dort zieht: Hirsche sind es, die vor Tau und Tagen in ihren Einstand wechseln.

Und wieder ist es eine Weile still. Ich sitze in meiner Ecke und horche mit wachen Sinnen hinein in den grauen Dunst, in die Zeit zwischen Nacht und Tag. Immer noch knarrt der Wachtelkönig im Wiesengras – immer noch schnurren die Nachtschwalben. Ein Kauz geistert mit lautlosen Schwingen um meine Kanzel, biegt aber schleunigst ab, als ich mit der Hand eine gar zu zudringliche Mücke abwehre. Da hebt der Teckel unter mir auf einmal den Kopf, im selben Augenblick knackt irgendwo laut und vernehmlich ein Ast, und ein Reh schreckt in nächster Nähe kurz, tief und aufgeregt.

Die Sauen sind im Anwechseln!

Behutsam hebe ich die Waffe auf die Kanzelbrüstung. Der Stecher springt ein, die Sicherung schiebt sich nach vorn. Wieder bricht es da unten. Dann raschelt das Rohr, das Wasser quatscht – ärgerliches Grunzen dringt herauf! Da sind sie ja schon! Drei, vier, fünf, sechs Stücke trollen über die Wiese – alles Überläufer. Der letzte ist der schwächste. Jetzt haben sie die Hörste erreicht, gleich müssen sie auf der anderen Seite zum Vorschein kommen. Aber irgendetwas muß sie dort aufhalten, ein Mäusenest oder ein Hummelstock –, denn deutlich kann ich hören, wie sie da unten brechen, schmatzen und fressen. Nun bläst ein Stück, wahrscheinlich wird es zu hell, und langsam setzt sich die Rotte wieder in Troll. Zwei, drei, vier sind schon da –, jetzt kommt eine stärkere Sau und dichtauf der schwache Überläufer. Schon habe ich ihn im Zielfernrohr, ziehe ruhig mit, ein Pfiff, im selben Augenblick schlägt die Sau im Knall mit den Läufen –, der Rest der Rotte aber stürzt in wahnsinniger Hast in den Fluß und verschwindet drüben im Bruch.

Viermal schlägt die Glocke, als ich vor meiner Beute stehe und die rote Arbeit beginne. – „Des Morgens zwischen drei'n und vieren" – immer wieder, wenn ich dies Lied höre, muß ich an meinen alten Lehrprinzen denken. „Junge", pflegte er zu sagen, „Junge, wenn du starke und heimliche Stücke schießen willst, mußt du vor Tau und Tag bereit sein, im Sommer spätestens so zwischen drei'n und vieren . . ."

Verzaubert in Erlkönigs Reich

Die heiße Mittagssonne brütet über dem Sumpf und Schilf-
gürtel, der sich von den Teichen bis ins Moor erstreckt.
Tausend und aber tausend Mücken singen und summen ihr
Lied, die Rohrdrossel schwatzt ihr „Karra-karra-kiet", eine
Ralle quiekt, und irgendwo hinten im Teich klatscht ein
schwerer Karpfen. Sonst ist alles still in der Runde, selbst
die Frösche, die immer mit vollem Chor alles übertönen,
liegen heute faul und träge im Uferschlamm und auf den
breiten Blättern der Wasserrosen.

Wo die Beeke aus dem Wacholderurwald in die Verlan-
dungszone tritt, habe ich mich unter einem Ellernstuken
vor drei Stunden eingeschoben, gedeckt gegen die ste-
chende Sonne, ziemlich geschützt vor den zudringlichen
Mücken. Von hier aus habe ich Sicht auf die verschilften
Sumpfwiesen bis zu der Insel, wo mächtige Ellern, Weiden
und Fußen seltsam gestaltete Wacholder überragen, von
hier aus aber kann ich auch nach rückwärts in den Eller-
sumpf und an der Beeke entlang bis dahin schauen, wo der
geheimnisumwitterte Urwald beginnt. Zahllose Spuren
und Fährten im Ufersand der Beeke erzählen mir, was für
Getier hier wechselt: Otter und Ilk, Marder und Ratte, Sau
und Bock – doch gesehen habe ich in den drei Stunden, die
ich hier passe, noch kein Haar, keine Borste . . .

Warum sitze ich hier eigentlich? Warum gehe ich nicht
nach Haus, um auszuschlafen von der Frühpirsch und neue
Kräfte für den Abendansitz am Felde zu sammeln? Warum
pirsche ich nicht hinüber zu den Bruchwiesen, wo um diese
Zeit bestimmt irgendein Bock bummelt, der die Kugel
lohnt?

Hat mich der Zauber dieses heimlichen Fleckchens schon
so umsponnen, daß ich nicht fortgehen kann aus Erlkönigs

Reich? Oder ist es der Sagenbock von der Insel, der Bock, von dem die Fischerknechte erzählen, der mich hier festhält? Ich weiß es nicht . . Ich weiß nur, daß ich sehr müde bin und in dieser einschläfernden Stille die Augen zumachen möchte – nur für fünf Minuten . . .

Die Mücken singen, der Karrakiet schwätzt, die Fische springen – im tiefblauen Himmel paßt ein Rohrweih auf den Fischadler. Ich will das Glas heben, aber ich bin ja so müde, so . . . müde . . .

Ich muß wohl geschlafen haben, sonst hätte ich das Knakken und Brechen auf der Insel drüben nicht erst dann vernommen, als es schon so laut war, daß es auch einen Menschen wecken konnte, der nicht nur im Halbschlaf gefangen war. Hellwach bin ich geworden, streife mit der Hand die Mücken weg, merke gar nicht, daß diese Hand rot ist vom eigenen Blut, sondern starre nur nach drüben, wo es immer noch knackt und bricht und knistert.

Und dann schiebt sich ein graues, fast weißes Haupt drüben aus dem Uferwuchs . . . Mein Glas zittert, als ich es vor die Augen führe; denn das was ich da zu sehen bekomme, ist der Urbock, ein Bock, wie ich ihn lange Jahre nicht sah. Über dem weißgrauen Grind stehen ein Paar dicke, sehr dicke Stangen, nicht eben hoch, aber knorrig wie altes Eichenholz, schwarz und kaum vereckt. Solche Stangen trägt nur der alte, sehr alte Bock, und ich kann es verstehen, wenn mir der Fischerknecht beteuerte, daß der Inselbock nur eine dicke Stange zwischen den Lauschern trage – ohne Glas kann man das schon annehmen.

Immer noch steht der Bock reglos mir gegenüber. Hat er mich wahrgenommen? Der Wind ist gut, die Deckung ebenfalls – er kann mich ja gar nicht eräugt haben . . . Leise greift die Hand nach der Büchse, ganz leise steigt sie ins Gesicht. Aber außer dem eisgrauen Haupt ist da kein einziges Fleckchen frei, auf das ich die Kugel setzen könnte. Ich weiß nicht, ob der Bock spitz oder breit steht, nach links oder rechts gewendet. Nur ein bißchen, ein ganz klein wenig rote Decke möchte ich frei haben! Die Hände zittern, die Mücken stechen – der Bock drüben steht unbewegt auf dem selben Fleck. Ist es überhaupt ein Bock? Ist es kein Gespenst aus Erlkönigs Reich? Oder ist es gar Pan selbst, der Alte?

Wie ein Spuk ist auf einmal das graue Haupt verschwunden, untergetaucht im Schilf und Gestrüpp. Aber ein kurzes, rauhes „Bö", abgrundtief und halblaut, sagt mir, was los ist. Das war kein Schrecken, das war der Trutzschrei des alten Bockes!

Leise schleiche ich weg aus der Schwüle des Ellernsumpfes, schweißgebadet komme ich auf den verwachsenen Moordamm. Die Dommel ruft im Rohr, die Ralle quiekt, über das Schilf gleiten drei Reiher und ein einzelner Frosch quarrt sein „Breckeckeckeckek" . . .

Heute abend und morgen und übermorgen werde ich wieder in Erlkönigs Reich sein – vor der Insel hinter dem Wacholderurwald.

Der sechste Sinn

Unter den Jägergestalten, die mir im Laufe eines Vierteljahrhunderts begegneten, hat sich eine meinem Gedächtnis ganz besonders eingeprägt. Zwanzig Jahre deckt den „Jägerkarl" nun schon der grüne Rasen – aber noch sehe ich ihn vor mir, als hätte ich mich erst gestern von ihm verabschiedet. Dabei war der Mann weder das, was man als Original bezeichnet, noch hatte er besondere körperliche Vorzüge und Merkmale. Er war kaum mittelgroß, sein Gesicht bartlos, Nase und Mund würde man im Militärpaß als „gewöhnlich" bezeichnet haben, wenn Karl jemals Soldat gewesen wäre – das einzig Merkwürdige in diesem Gesicht waren nur die Augen. Niemals wieder habe ich bei einem Menschen solch farblose unergründliche Augen gesehen. Wenn der Mann jemand mit seinen Augen ansah, so hatte man das Gefühl, als ginge der Blick durch Brust und Herz hindurch.

Aber noch etwas anderes besaß der Jägerkarl: die Fähigkeit, sich bis ins kleinste in die Seele des Wildes hineinzudenken und mit tödlicher Sicherheit beim Jagen den Platz zu bezeichnen, wo das ersehnte Wild anlief. Wenn Karl sagte, bei dieser Fuhre oder bei jener Eiche wechselt der Hirsch oder der Bock an, so traf das immer zu. Er besaß das, was ich als „sechsten Sinn" bezeichnen möchte. Nur ganz, ganz wenige Jäger gibt es, denen die Natur diese Gabe in den Schoß gelegt hat. Zu ihnen gehören die berühmten „Lukaschi", jene baltischen Jäger, die auf großen Wolfs- oder Luchstreiben, auch bei Elchjagden im völlig unbekannten Revier die Schützen anstellen und ihnen vor Beginn der Jagd haargenau den Platz bezeichnen, wo das Wild das Treiben verläßt – zu ihnen gehört aber auch ein noch heute lebender großer Jäger und Forscher, der dieses Können Dutzende von Malen unter Beweis gestellt und Erfolge auf jagdlichem Gebiete errungen hat, wie sie ein normaler Mensch einfach nicht für sich buchen kann.

Im Jägerkarl steckte etwas von jenem mittelalterlichen Freischützen, den Weber in seiner Oper verherrlicht hat – nur mit dem Unterschiede, daß jener weit davon entfernt war, irgendwie mit dem Bösen im Bunde zu stehen. Es mag sein, daß der Jägerkarl in seinem langen Weidmannsleben – als ich ihn kennenlernte, war er bereits in den Siebzigern – ein ungewöhnlich reiches Maß von Erfahrungen gesammelt hatte und sie entsprechend auswerten konnte – es blieb aber trotzdem noch vieles, was man auf diese Weise nicht erklären konnte. Es kam vor, daß der Alte ganz plötzlich aus irgendeiner lustigen Gesellschaft aufbrach, um sich, einem inneren Zwange folgend, irgendwo anzusetzen, um ein besonderes Stück Wild zu erlegen. So erinnere ich mich folgenden Falles. Wir hatten drei Tage im Herbste auf Hasen, Hühner, Fasanen und Schnepfen gejagt und feierten gemütlich im Dorfkruge den Abschluß dieser erfolgreichen Jagd. Gegen Mitternacht – wir hatten Vollmond – stand Karl plötzlich auf, nahm seinen Drilling und verschwand. Wir anderen machten unsere Witze und lachten über den Narren, der zu dieser Stunde nach drei anstrengenden Jagdtagen noch nicht genug vom Jagen hatte. Um 3 Uhr in der Frühe – wir waren noch immer beim Pokulieren – stand der Alte plötzlich in der Türe, den schweißbenetzten Bruch am Hute, hing Waffe und Rucksack an den Haken und setzte sich an den Tisch, als ob er nur eben mal ein bißchen frische Luft genossen hatte. Natürlich bestürmten wir ihn alle mit Fragen. Und was war geschehen? Karl hatte den Sagenkeiler geschossen, das stärkste Hauptschwein der Gegend – aber nicht etwa im Felde, sondern ganz hinten in der blanken Heide bei einem dicken Machangelbusch, wo niemand jemals an Sauen gedacht hatte. „Die Sache war ganz einfach!", erzählte der

Alte. – „Ich hatte so das Gefühl, daß ich mich beim dicken Wacholder ansetzen mußte – und es dauerte dann auch nicht lange, da wechselte der alte Basse an – na, und da habe ich ihm denn die Kugel hinters Blatt gesetzt!" Dabei ist aber zu bedenken, daß es in der ganzen Gegend außer dem Sagenkeiler kaum Schwarzwild gab!

Ein anderes Mal – es war mittags im August – sagte Karl: „Ich will mich jetzt einmal an Piepers Busch setzen!" „Piepers Busch? Was willst du denn da? Dort ist doch gar nichts los!" Piepers Busch lag nämlich dicht hinter dem Dorfe, und sämtliche Dorfköter gaben sich dort ihr Stelldichein, so daß kaum ein Hase, geschweige denn Rehwild anzutreffen war. Karl kam gegen 3 Uhr wieder zurück und hatte einen alten Achterhirsch geschossen. Der Hirsch war plötzlich aus dem Roggen hochgeworden und hatte den Jäger auf dreißig Schritte angewechselt. Die nächsten Rotwilddickungen aber lagen zehn Kilometer weit weg. Manche Menschen nennen so etwas Dusel – aber das war doch mehr als gewöhnliches Glück. So etwas grenzte an Hexerei. Einmal war Karl in ein ihm völlig fremdes Revier eingeladen. Der Alte bat, ihn doch fünfhundert Schritt von der zu treibenden Dickung an einem alten Überhälter auf einer heidwüchsigen Blöße anzustellen. Das Treiben brachte drei oder vier Krumme – Karl aber schoß an seinem Platze zwei Füchse!

Ich habe von dem Alten viel gelernt – eines aber konnte er nicht lehren: den sechsten Sinn. Den hat er mit ins Grab genommen.

Begegnungen mit Feisthirschen

„Der Feisthirsch ist ein Waldgespenst,
Das du wohl ahnst – doch niemals kennst."

Jeder Hochwildjäger muß die bittere Wahrheit dieses alten
Jagdspruches auskosten, wenn er die Krone alles Waidwer-
kens, die Jagd auf den Feisthirsch, ausüben will. Der
Anfänger lächelt, wenn ihm der im Dienste Huberti
ergraute Waidgenosse von der Heimlichkeit des Feisthir-
sches erzählt – er lächelt so lange, bis – er selbst am eigenen
Leibe erfahren hat, was es heißt, auf den Feisthirsch zu
waidwerken. Nach der Waidmannssprache gilt für den
edlen Hirsch die Bezeichnung „Feisthirsch" erst dann,
wenn er sein Geweih blank gefegt hat, was meistens bei
älteren Hirschen in den ersten Augusttagen geschieht, und
er trägt diesen Namen bis zum September, denn um St.
Ägidii tritt der edle Hirsch auf die „Brunft" – aus dem
Feisthirsch wird nun ein „Brunfthirsch". Nach der Auffas-
sung der alten hirschgerechten Jägerei wurden als Feisthirsche übrigens nur die starken jagdbaren Hirsche betrachtet
– aber da hat sich im Laufe der Zeit die Ansicht ver-
schoben.

Wie schwer es ist, einen Feisthirsch zu strecken, mag aus
der Tatsache hervorgehen, daß ein alter Harzer Jäger, der
in seinem Leben 56 jagdbare Hirsche streckte, nur zwei
davon in der Feiste schoß . . .

Meistens ist es Zufall, wenn man einem Feisthirsch begeg-
net, und sehr oft darf dann entweder die Büchse nicht
sprechen oder – man hat sie nicht zur Hand. So ging es mir
einst als Jungjäger im damaligen Kreise Isenhagen. Wir
hatten auf Hühner gejagt, und es war blödsinnig heiß, so
heiß, daß unsere Hunde streikten. Ich ging daher nach
einem mitten im Felde gelegenen schilf- und weidenumwu-

cherten Tümpel von lächerlich geringem Ausmaß. Dort stand auf der Sohle des Loches immer etwas Wasser, weil da eine Sickerquelle war. Ohne besonders vorsichtig zu sein, bog ich die Büsche auseinander und sah mich im selben Augenblicke – einem starken Eissprossenzehner gegenüber, der sich in dem Loche gesuhlt hatte und über und über mit schwarzem Schlamm bedeckt war. Ich weiß nicht, wer von uns beiden mehr erstaunt war, der Hirsch oder ich – jedenfalls machte er im nächsten Augenblick eine Riesenflucht –, aber ich hätte ihm auch da noch die Kugel antragen können, wenn ich statt der mit Hühnerhagel geladenen Flinte meine Büchse oder wenigstens den Drilling in der Hand gehabt hätte. Wie die nähere Besichtigung ergab, mußte der Hirsch schon längere Zeit in dem kleinen Feldbusche gestanden haben, denn die Schlage- und Fegestellen waren schon einige Wochen alt und es waren auch überall Betten vorhanden. Das nächste Rotwildrevier war zwei Wegstunden weit weg. Der Hirsch hatte die Überraschung aber übelgenommen, er war jedenfalls nicht wiedergekommen – doch hörte ich im nächsten Jahre, daß nicht weit davon zwei Feisthirsche in einem ähnlichen kleinen Feldbusche hochgemacht wurden, aber erst als das ringsherum befindliche Haferstück mit der Maschine bis auf einen schmalen Streifen gemäht worden war.

Ein ähnliches Erlebnis hatte ich etliche Jahre nachher in einem Revier des Wietzenbruches. Ich hatte mich mitten in der knochentrockenen Kiefernheide an einem Wasserloche gut gedeckt angesetzt, um eine der zur Tränke kommenden Ringeltauben zu erwischen. An dem Tümpel standen im Schlamme wohl Rotwildfährten, aber sie waren samt und sonders alt und verwaschen, und ich legte ihnen darum weiter keine Bedeutung bei. Bei der Bullenhitze mußte ich wohl ein wenig eingenickt sein –, denn als ich plötzlich durch ein Geräusch hochschreckte, sah ich vor mir zu meinem grenzenlosen Erstaunen in der Suhle zwei Hirsche, einen schwächeren Kronenzehner und einen ganz alten starken ungeraden Achterhirsch. Der letztere hatte mich natürlich sofort weg –, und ehe ich noch eine Kugel in den Drilling laden konnte, waren beide Hirsche wie ein Spuk verschwunden. Tagelang habe ich damals an der Suhle in der Heide gesessen –, aber die Hirsche sah ich niemals wieder.

Im selben Jahr, kaum vierzehn Tage später, war ich auf einem Ausfluge im Hils. Im „Wellensprung" oberhalb des Hagentales hatte ich im Buchenaltholz Mittagsrast gemacht. Die Sonne tanzte und flimmerte –, und in dieses Flimmern schob sich plötzlich ein roter Fleck, und aus diesem Fleck wurde ein Hirsch, ein gerader Zwölfender, der da lautlos wie ein Geist durch die Buchen wechselte und still und heimlich in einer Bodensenke verschwand. Es war sicher einer der besten Hirsche der Gegend, der mir da begegnete –, und wenn an meiner Stelle ein Jäger gesessen hätte, so wäre ihm ein ganz großes Waidmannsheil beschert worden. Aber auch mir schlug das Herz im Halse, obwohl ich nur einen Krückstock und keine Büchse neben mir liegen hatte . . .

Ich bin noch des öfteren mit Feisthirschen zusammengeraten, aber nur ein Erlebnis, das sich mir unauslöschlich eingeprägt hat, will ich noch berichten. Es war in einem Heidereviere, wo ich außer einem Rehbock auch Sauen schießen durfte, die dort nächtlicherweile in den Feldern allerlei Schabernack anstellten. Rotwild war nur spärliches Wechselwild, und darum kümmerte sich kein Mensch um die Hirsche, deren Fährten dann und wann in mehr oder minder großen Zeitabständen im Reviere standen. Ich hatte mich abends an einer schmalen Waldwiese, die von einem Flüßchen durchronnen wurde, angesetzt; hüben und drüben war schweigender Hochwald. Diese Wiese wurde erfahrungsgemäß von den Sauen abends vor dem Ausziehen auf die Felder und frühmorgens auf dem Rückwechsel gern angenommen. Wundervoll stand der Mond am Himmel; ein ganz leichter Nebel schimmerte silbern über der Wiese – eine wundervolle Sommernacht brach an. Was sollte ich da in der Hütte? Zigarren hatte ich genügend bei mir, also machte ich es mir in der Ecke des dreiseitigen Hochstandes bequem, rauchte und schaute in den tiefen Himmel, aus dem gerade heute ein wundervolles Feuerwerk von Sternschnuppen zur Erde fiel.

Gegen Mitternacht ließ mich ein leises Plätschern nach links blicken. Sauen vermutete ich –, aber die silbernen Wildkörper, die dort dem Wasser entstiegen, waren keine Sauen. Feisthirsche! Mein Glas zeigte mir trotz des Mondscheins, der ja so oft trügt, die Geweihe ziemlich genau, zwei konnte ich einwandfrei als Achter ausmachen –, der dritte aber war ein Kronenhirsch, wie man ihn nur ganz, ganz selten in freier Wildbahn zu Gesicht bekommt, ein Hirsch, der auf der linken Stange einwandfrei das vierte Ende in der Krone trug, ein Vierzehnender also! Und dieser Hirsch war mir am nächsten! Wie ein Bild aus Erz verhoffte er, im silbernen Lichte des vollen Mondes fast schneeweiß leuchtend, auf sechzig Gänge, und ich –, ich saß mit jagenden Pulsen und heißen Augen und sah und sah – schaute zu, wie die Hirsche sich langsam auf der Wiese von mir wegästen und schließlich wie Geister im Nebel zerflossen – Waldgespenster!

„Warum hast du Esel nicht geschossen? Nie wieder kommt dir ein solcher Hirsch!" Das war alles, was mir der Jagdherr auf meinen Bericht antwortete. Ja, warum schoß ich nicht? Das Glück geht manchmal im Leben an einem vorbei –, nur hat man nicht den Mut, es festzuhalten . . .

Sein letzter Hirsch

Jürgen Marloh stand vor der Tür seines Hofes und schaute
den Anberg hinauf, auf dem das rotgoldene Feuer letzter
verblühender Heide flammte. Neben ihm saß Peter, sein
alter Drahthaarrüde und sah mit treuen, klugen Augen
seinen Herrn an, als wollte er sagen: „Nun, wird es bald,
Alter? Siehst du nicht, wie die Sonne sinkt? Bald wird der
Zwölfer vom Birkenbruch sein Rudel in die Mahtheide
treiben, und wir sind, wie gestern und vorgestern, wieder
nicht rechtzeitig da!"

Jürgen verstand. Liebkosend strich seine braune Hand
über das harsche Haar seines vierläufigen Freundes, der
ihm nun schon bald ein Dutzend Sommer treuer Waidgesell war. Ja, ja – der Zwölfer! Zehn Jahre lang kannte er
diesen Hirsch, den besten weit und breit, zehn Jahre lang
hatte er seine hegende Hand über ihn gehalten – und nun –,
nun sollte er ihm, seinem Freund, zu guter Letzt die Kugel
antragen. Wie hatte doch der Jägermeister zu ihm gesagt?
„Den Zwölfer, Marloh, den habt Ihr in diesem Jahre frei!
Sein Geweih soll Euch die letzte Erinnerung sein an die
Heimat, die Ihr nun um des Vaterlandes willen aufgeben
müßt! Ihr habt den Hirsch gehegt, nur Ihr allein habt ein
Recht darauf, ihn zu strecken. Kein Kronenhirsch ist weit
und breit freigegeben als dieser eine allein – und kein
anderer als Ihr darf ihm die Kugel antragen!" Ja, so hatte
der Jägermeister, sein alter Jagdfreund, zu ihm gesagt. Er
hatte es herzlich gut gemeint –, und Jürgen Marloh hätte
sich auch eben so herzlich gefreut, wenn – ja wenn eben das
eine nicht dabei gewesen wäre: der Abschied. Und Jürgen
wußte, daß dies sein letzter Hirsch im Leben sein würde –,
nie wieder würde er einem Hochgeweihten das „Hirsch
tot" blasen!

Siebenhundert Jahre saß das Geschlecht der Marloh unter den Eichen seines Hofes. Sieben Jahrhunderte hatten die Marlohs diese Heide ringsum ihr eigen genannt, böse und frohe Zeiten kommen und gehen sehen; Krieg und Krankheit, Freude und Fröhlichkeit. Immer waren die Marlohs große Jäger vor dem Herrn gewesen. Jürgens Großvater hatte noch mit den windschnellen spurfreudigen Heidbrakken gejagt. Damals, so hatte der Neunzigjährige es später dem Enkel und Erben noch oft erzählt, waren die Hasen in der Heide seltene Tiere gewesen, und im Herbst hatten die Bracken oft einen Tag lang an einem Krummen gehetzt, bis er zur Strecke kam. Hirsche aber waren auch damals schon in der Heide genügend vorhanden gewesen –, und noch heute hingen in der Dönze auf dem Lohhofe die starken Stangen, die der Urahne vor dem Herrschaftlichen auf der Hohen Heide erbeutet hatte.

Nun aber war das vorbei. Im nächsten Herbste würde er, Jürgen, hier nicht mehr jagen. Wohl bekam er in seiner neuen Heimat dort oben im Norden wieder seine Eigenjagd, aber der Lohhof und seine Hirsche waren es nicht. Nur Rehe würde es da geben, Rehe und Hasen und Hühner –, aber der Hirsche Brunftschrei würde ihm, Jürgen, nie wieder im Ohre dröhnen . . . Jürgen wischte mit seiner Hand über die Augen, gleichsam als wollte er damit ein graues Spinnweb an der Stirne streifen. Dann aber gab er sich einen Ruck; seine hohe Gestalt straffte sich, und festen Schrittes ging er, die Büchse über das Kreuz geschlagen, dem Birkenbruche zu. Peter aber, der Drahthaarige, trottete wie immer, hinter seinem linken Knie . . .

In der Mahtheide braute bereits der Fuchs, als Jürgen bei den hohen Fichten eintraf. Der Wind stand gut, stur wehte der Qualm seiner Meerschaumpfeife über seine rechte Schulter. Drüben über den Lohfuhren ging gerade die Sonne zur Rüste. Kupferrot glänzten die Stämme der alten Bäume, und auf den krausen Kronen schimmerte es golden vom Glanze der untergehenden Sonne. Kühler strich der

Abendwind aus der Heide; in der Beeke paakten die Enten und auf der Brache hinter ihm klagten die Kiebitze mit jammernden Rufen. Ein Reiher, silbern anzuschauen, strich breitklafternd den Fischteichen zu, und vom Felde her tönte herrisch und hart der Rebhühner kurzabgerissenes Girrik, Girrik.

Der einsame Jäger vor der Fichte sah und hörte das alles wie schon so oft. Und wie immer wanderten auch jetzt seine Gedanken, bis sie wieder wie Vögel über dem Feuer um das eine kreisten: den Abschied von Haus und Hof und Heimat. Und schon wollten sich wieder die grauen Spinnengewebe über Stirn und Augen legen –, da schrak Jürgen zusammen, denn drüben aus dem Birkenbruche dröhnte plötzlich ein Schrei, urig, wild und gewaltig: „A – u – aa – ahu – o – o ooh!" Das war der Zwölfer vom Bruch! Kein anderer Hirsch hatte eine solche tiefe mächtige Stimme. Und nun kam auch die Antwort. In der Lohheide hinter den Fischteichen meldete der junge Vierzehnender, der sich dort sein Rudel zusammengetrieben hatte, im Bauernbruche schrie der alte Achter, im Fiskus führte der ungerade Zehnender das Wort. Es war, als hätten alle Hirsche in der Heide nur darauf gewartet, bis der Alte vom Birkenbruche das Konzert eröffnete.

Und Jürgen Marloh saß, rauchte und horchte auf die Stimmen seiner Hirsche, die wie ein wildes Orgeln durch die Heide dröhnten. Im Bruche drüben knackte und brach es jetzt immerzu. Der Alte schlug mit dem Geweih eine trockene Fuhre zusammen, daß es krachte. Dann aber meldete er aufs neue, und der Jäger hörte nun, daß der Hirsch näher zog.

Aufmerksam leuchtet Jürgen mit seinem scharfen Glas das weiße Birkengatter vor dem Bruche ab. Jetzt fängt er drüben zwischen den Stämmen eine Bewegung auf. Ein langer trockener Kopf schiebt sich dort zwischen den Bäumen vor: das Leittier des Rudels, das dem Alten vom Birkenbruch hörig ist. Eine ganze Weile sichert das Stück regungslos –, dann aber steht auf einmal das ganze Rudel riesengroß im weißen Silbernebel der Mahtheide. Doch der Hirsch ist noch nicht dabei. Der Beihirsch, der junge Kronenzehner, macht dem Alten zu schaffen –, prasselnd treibt er den Frechling, der ihm hier sein gutes Recht streitig machen will, in das Bruch zurück. Das Rudel aber steht, als ginge es die ganze Sache nichts an, äsend auf achtzig Schritte vor dem Jäger in der Heide.

Langsam hebt Jürgen die Büchse und visiert ein Stück an. Zehn Minuten lang mag das Licht wohl noch ausreichen, dann aber ist es für heute vorbei. Der Jäger überlegt, ob er für heute nicht doch lieber heimgehen soll. Morgen ist auch noch ein Tag. Ach, wie oft hat er das schon vor sich hingesagt, wenn er den Hirsch vor der Büchse hatte! Und wenn er jetzt geht, kann er morgen wieder auf seinen Hirsch waidwerken. Doch da donnert jäh der Sprengruf zu ihm herüber, und dann taucht auf einmal dicht vor ihm der mächtige Rumpf des Hirsches aus dem Nebel, und darüber wuchtet das schwere Geweih – jetzt legt der Hirsch das Haupt zurück, und wieder dröhnt der Grimm des Alten in die dämmerdunkle Heide hinein: „A – u – a – a – hu – o – o – o – ooh!"

Ganz ruhig hat Jürgen die schwere Waffe gehoben. Noch einmal umfassen seine Augen dies herrliche Bild uriger Kraft – dann tastet das Abkommen im Fernrohr hinter das Blatt des Hirsches. Wie ein Peitschenknall zerreißt der Schuß die Stille –, brüllend rollt der Donner vom Birkenbauche wider –, drüben aber steigt der Hirsch kerzengerade in die Höhe, stürmt dreißig, vierzig Fluchten weit weg und bricht dann dröhnend in seiner Fährte zusammen – –.

Längst ist der volle Mond über der Heide heraufgestiegen, und noch immer zögert Jürgen, dort hinzugehen, wo seine Kugel den Edlen fällte. Ist es Wehmut, die ihn zögern läßt? Es muß wohl so sein. Schließlich aber steht er doch auf, schreitet langsam auf den Hirsch zu, der da stumm und starr vor ihm in der Heide liegt, zieht seinen Hut und verharrt lange in Ehrfurcht vor dem königlichen Wild. Dann aber bricht er von der Fuhre, neben der sein Hirsch zusammenbrach, zwei frische Brüche, einen für den Hirsch, den andern für sich, setzt das Horn an die Lippen, und dann hallt es feierlich, getragen über Heide und Holz, das wundervolle Signal „Hirsch tot".

Als Jürgen aber eine Stunde später durch die mondhelle Heide seinem Hofe zuschreitet, da ist Trauer in seinem Herzen, Trauer darüber, daß sein Waidwerken auf seiner Väter Scholle nun für immer vorbei ist.

Pirsch durch den Herbstabend

Den ganzen Tag hat es geschauert. Nun aber ist die Sonne kurz vor dem Schlafengehen noch einmal vor die Tür getreten, und der Wind hat den Regen weggejagt.

Das Moor brodelt und dampft. Über allen Torflöchern stehen weiße Schwaden, und in den verwachsenen Kulen tanzen die Nebelfrauen ihren Schleierreigen. Tausend blitzende Diamanten hängen an den Rauschbeerhorsten, und die Rippen des Mehlhalmes sind mit glashellen Wasserperlen überzogen. Durch Birken und Fuhren, Weiden und Faulbaum schiebe ich mich auf dem Damme langsam ins Moor hinein. Heute abend ist alles Wild nach dem Regen rechtzeitig auf den Läufen, und ich will versuchen, den kranken Bock zu bekommen, der hier in dieser Ecke herumgeistert.

Leicht ist es nicht, im buschigen Moor einen Bock zu überlisten. Überall ist Ätzung, allenthalben stockt dichte Deckung. Wohl ein dutzend Mal bin ich in diesem Sommer mit guten Böcken auf der Pirsch zusammengeraten –, immer klappte es nicht. Meistens dauerte die Begegnung nur Sekunden –, und obwohl ich die Böcke meistens eher sah als sie mich, war es doch nicht möglich, eine Kugel anzubringen – weil vom Ansprechen bis zum Schießen doch immer etwas Zeit vergeht. So war mir auch der Krüppel schon aus dem Glase verschwunden, ehe ich nur die Büchse hoch hatte.

Aber heute abend könnte es glücken, wenn der verdächtige rote Fleck da drüben zwischen den beiden Fuhren zum Beispiel ein Bock wäre, dann wäre schon alles erledigt, und ich könnte nach Hause gehen. So aber entpuppt sich der Fleck als ein Büschel trockenen Farnkrautes und ebenso der zweite und dritte, die ich gleich danach ausmache.

Doch halt, der dritte Fleck – –, da stimmt irgendetwas nicht! Lange suche und deutle ich mit dem Glase, bis sich der Fleck auf einmal ein bißchen zur Seite bewegt. Da weiß ich, daß ich ein Reh vor mir habe –, aber es dauert noch fünf Minuten, ehe ich gewiß bin, daß das dort ein Altreh ist, das Pilze äst.

Zehn Minuten warte ich noch, dann ist die Ricke so weit fortgegangen, daß ich ohne gesehen zu werden, vorbeikommen kann. Leise schleiche ich weiter, fahre aber jäh zusammen, als mich das Reh hinter dem nächsten Busch anschreckt und auf einmal zwei Stück statt des einen abspringen. Natürlich war das eine, wie ich gerade eben noch sehe, ein guter Bock.

Pech ist eben Pech. Denn von den acht Stockenten, die nun mit rauschenden Schwingen aus einer Kuhle dicht neben mir aufstehen, hätte ich eine oder auch zwei bequem mit den Schrotläufen des Drillings herabholen können, wenn ich besser aufgepaßt hätte. Die Kosenamen aus unseres Herrgotts Tiergarten, die ich mir gab, nutzten aber doch nichts –, und so pirsche ich weiter.

Immer dichter wird der Nebel – immer kürzer die Sicht. Ich muß trachten, daß ich bei gutem Lichte noch die kleine Wiese mitten im Moore erreiche, denn hier zwischen den Birken und Fuhren ist bald nichts mehr zu machen. Und so trete ich denn vom Damm herunter in die Bülten, pirsche um Torfkuhlen, trete eine Bekassine heraus, die mit „Kätsch, Kätsch" von dannen zickzackt und überrasche hinter dem nächsten Busch einen Reiher, der an einem verschilften Loche stand und paßte, jetzt aber mit höchster Eile Luft unter die Schwingen nimmt und sich empfiehlt.

Drüben im Moor locken Rebhühner. Drei, vier Völker kommen immer hier aus, aber sie sind schwer zu bejagen. Einmal beschossen, streichen sie wer weiß wie weit, und man kann wegen der Büsche nie sehen, wo sie wieder einfallen. Mein Hund hebt den Kopf und horcht hinüber. Auch ich hätte nicht übel Lust, mir eins oder zwei zu holen

–, aber da fällt mir mein Bock wieder ein, und ich biege doch lieber nach der Wiese ab.

Die Sonne ist untergegangen –, goldenes Rot säumt den Westhimmel. Schneller pirsche ich voran durch die Birken, die vom Nebel naß sind. Erst jetzt fällt mir auf, daß ihr Laub schon krank ist. Es wird keine vier Wochen mehr dauern, und der bunte Tod geht über das Moor. Da schimmert die Wiese durch die Büsche. Vorsichtig, Schritt für Schritt – schleiche ich mich heran. Leer! Kein Hase, kein Reh, nur wellender Nebelschleier! Aber da drüben am jenseitigen Rande –, das ist doch ein Stück Wild? Lange bin ich im Zweifel, aber dann sagt mir mein Glas doch, daß drüben ein Reh zwischen den Randbüschen steht. Langsam äst das Stück auf die Wiesen hinaus. Endlich habe ich den Kopf frei, und da fällt mir vor freudigem Schreck beinahe das Glas weg –, denn das Reh ist ein Bock, und zwar der kranke, den ich suche, und das hohle Husten gibt mir erst recht die Gewißheit.

Ganz genau schaue ich mir den Krüppel noch einmal durchs Glas an, ehe ich den Drilling hebe. Dann aber sucht das Korn die Stelle hinter dem Blatt, wo das Leben schlägt –, und im Knall kippt der Bock um. Mit angstvollem Paken stehen zwei Schoofe Eulen aus dem Schilfe jenseits der Wiesen auf, Bekassinen kätschen – eine Drossel zankt immerzu.

Vor mir in der Wiese aber liegt ein uralter Bock mit elendem, längst zurückgesetztem Gehörn. Ein Griff ins Geäse –, ganz abgeschliffen sind die Zähne, kümmerlich ist auch der Bock an Wildbret. Es war höchste Zeit. Lautlosen Fluges gaukelt die Sumpfeule heran, stichgerade auf mich los. Über dem Bock aber schwenkt sie jäh um, kehrt noch einmal zurück und verschwindet mit bellendem Ruf im Moor.

In der Heide schreit der Schaufler

Über den alten Weg, der von Ahlden nach Rodewald aus dem Herzogtum Celle von Anno dazumal in das Herzogtum Calenberg führt, stehen Fährten und Spuren hin und her. Sauen, Rehe und Damwild wechseln hier. Hase, Fuchs, Dachs und Kanin spüren sich im weißen Sand –, und es sind erst wenige Jahre her, daß hier eine fremde, seit hundert Jahren nicht mehr gekannte Spur stand: die des starken Wolfsrüden, des „Würgers vom Lichtenmoor . . ."

Es dämmert schon in der Heide, als ich von diesem Wege abbiege und den Hochsitz erklettere, der in eine Zwillingsföhre an der Blöße eingebaut ist. Hinter mir im hohen Altholz sind die Sauen sehr fleißig gewesen: weit und breit ist der Boden von ihrem Gebrech umgepflügt –, die Untermast muß hier sehr reichlich und gut sein. Wiederholt bin ich hier mit ihnen im Laufe des Sommers zusammengetroffen: sieben Frischlinge führte die alte starke Bache, doch die Kugel blieb im Lauf; denn eine führende Bache schießt kein anständiger Jäger, auch wenn das Gesetz den Abschuß freigibt. Für heute habe ich übrigens keinerlei Hoffnung, mit den Schwarzkitteln zusammenzugeraten; um diese Zeit kommen sie erst so um zwanzig Uhr. Ja, wenn wir Vollmond im Kalender hätten!

Ich lauere auf anderes Wild. Oft sah ich hier Damwild – Tiere mit Kälbern, Spießer, Knieper, Löffler und Halbschaufler, doch keinen wirklich starken Hirsch. Den, einen Kapitalschaufler, traf ich Anfang August, als der Rehbock sein Schmalreh trieb, zehn Kilometer südlich von hier in der „Hölle", dem dicht verwachsenen Holz an der Alpe, am hellen Nachmittage. Aber damals war ja noch Kolbenzeit –, und in d e n Wochen trifft man selbst Hauptschaufler und starke Rothirsche zu jeder Tagesstunde.

Jetzt aber ist für Damwild die „Hohe Zeit", die Brunft, gekommen. Die Schaufler schreien; voll Unrast ziehen sie durch Heide und Holz, schlagen Brunftgruben und jagen die Beihirsche, die Halbschaufler und Löffler dahin, wo der Pfeffer wächst. Und wenn die Stimme des starken Damhirsches auch lange nicht so machtvoll ist wie die des Edelhirsches –, so nimmt er es an Kampflust und Mut doch bestimmt mit diesem auf.

Der Rauch meiner Zigarre zieht über meine linke Schulter in die krausen Fuhrenkronen des Astholzes und verliert sich irgendwo im Blauen. So kann also Wild, ohne eine verdächtige Witterung in den Windfang zu bekommen, von allen Seiten anwechseln. Da sind ja auch schon zwei Rehe: Ricke mit Bockkitz! Sie äsen sich langsam über die Blöße, wo allerlei Kräuter zwischen der verblühten Heide wachsen, nach dem jenseitigen Dickungsrande zu. Dort hoppelt eben ein alter Rammler aus dem Ginster, macht einen Kegel, äugt zu den Rehen, spielohrt und putzt sich dann ausgiebig und lange. Auch der gute Bock, der dreijährige Sechser, ist ausgetreten; mächtig prahlt sein hohes, aber doch dünnstangiges Gehörn im Abendschein. Er ist ganz vertraut, offenbar weiß er genau, daß ihm jetzt und auch in den nächsten vier, fünf Jahren kein Jäger ein Haar krümmt.

Über dem Moore rufen Kraniche, wahrscheinlich ein verspäteter Zug, der sich dort zur Nachtruhe niederließ. Eine Fledermaus huscht vorbei, irgendwo krächzt eine Krähe. Immer dämmeriger wird es in der Heide . . . Doch da kommt drüben aus der Dickung ein merkwürdiger Ton, ein seltsamer Laut. Es klingt wie das Knarren einer Säge, wie das Rasseln der Trommel, wie das Raspeln einer groben Feile auf knochendürrem Holz. Das ist der Schaufler. Und da sehe ich ihn auch, wie er ein Schmaltier durch die Fuhren sprengt.

Acht, nein, neun Stücke zählt das Rudel, das jetzt im letzten Licht durch die Kusseln auf die Blöße zieht. Zwei

Löffler und ein Halbschaufler halten sich als Beihirsche in respektvollem Abstand – sie möchten wohl „ein wenig Glück stehlen" – aber sie wissen, daß der Alte nicht mit sich spaßen läßt. Jetzt versucht der Halbschaufler, ein etwas abseits vom Rudel stehendes Tier abzusprengen, doch schon ist der Haupthirsch heran, und der Jüngling spritzt durch die Fuhren als wäre der Teufel hinter ihm. Ja, ja, so ein „Pascha" hat seine liebe Not.

Ganz dicht stehen die Tiere nun vor mir auf der Blöße –, und mein scharfes Glas läßt mich alle Einzelheiten trotz des abnehmenden Lichtes noch gut erkennen. Vorsichtig nehme ich die Büchse hoch – Damwild äugt so vorzüglich! – und visiere den Schaufler an. Ich will nicht schießen, o nein – die Büchse ist außerdem gesichert! – und Damhirsche sind in diesem Jahre auch nicht frei, nur probieren will ich, ob das Licht zum Schuß noch ausreicht. Es geht noch – aufatmend setze ich das Gewehr ab und nehme das Glas hoch – da werfen jäh alle Stücke des Rudels auf und äugen starr in das Astholz hinter meinem Hochsitz.

Vorsichtig drehe ich mich um. Weiß Gott, da steht keine vierzig Schritte hinter mir ein dunkler Klumpen im Dämmern des Hochholzes. „Der alte Keiler!" fährt es mir durch den Kopf –, aber da geht es auch schon „Wuff!" und nochmals „Wuffwuff", und dahin ist der Basse. – Er muß Wind bekommen haben – wirklich, der Rauch zieht jetzt nach unten. Mit ihm aber ist auch das Rudel verschwunden und die Rehe dazu: Die Bühne ist leer – das Schauspiel ist aus!

Auf Muffel am Berg

Oberhalb der „Steinhölle", wie sie den zerklüfteten Steinhang nennen, liegt auf der Höhe des Kammes eine breite Platte. Stolzes Fichtenholz wuchs da einst –, vor einigen Jahren aber fraß die Axt den größten Teil der Stämme, und nur noch ein schmaler Saum des früheren Altholzes trennt die Blöße, wo der Hochsitz steht, von der riesigen Dickung, die sich bis unten ins Tal nach „Schlächterskamp" vor das Eichenaltholz hinzieht.

Eine Wildkammer, wie sie nicht besser sein kann, ist die große Fichtendickung über der „Steinhölle". Kein Mensch stört je ihren Frieden. Der Wanderweg führt gut dreihundert Schritt weitab daran vorbei, und auch er wird nur selten begangen. Noch nie hat hier die Axt geklungen, und es wird auch wohl noch manches lange Jahr dauern, ehe die erste Durchforstung die Reihen der jungen Saatfichten lichtet.

Darum steckt alles Wild, was am Berge lebt, eigentlich immer hier oben. Das Rotwild betrachtet die Dickung im Sommer als sichere Kinderstube, und im Herbst treibt der Zehner vom „Großen Karl" da sein Rudel zusammen. – Die Rehe ziehen von hier aus abends auf die Schläge und Blößen. Zerschlagene Ebereschen und Bergholdersträucher am Rande der Dickung deuten im Verein mit häufigen Plätzstellen darauf hin, daß hier gute Böcke ihren Einstand haben. Vor allem aber hat es die bürstendichte Fichtensaat den Schwarzkitteln angetan. Sie stecken eigentlich immer da drin, und keine Meute bringt sie so leicht vor die Schützen. Die Sauen verlassen die schwarze Dickung auch erst dann, wenn die Nacht aus den Tälern heraufgestiegen ist, wechseln aber auch selten zu Felde, sondern brechen lieber in den Eichenhölzern der Hänge nach Untermast.

Das heimlichste Wild aber, das die Dickung am Kamm birgt, sind die Muffel, die Wildschafe, die vor Jahren ein fürstlicher Weidmann oben am Berg ausgesetzt hat, und die seitdem nun hier heimisch geworden sind. Mehrere starke Rudel stehen in den Fichtendickungen oder an den felsbesäten Hängen des lichten Buchenwaldes, wo zarte Gräser und allerlei süße Kräuter auf den sonnigen Stellen neben hohen Fingerhüten und duftenden Disteln um moosige Blöcke wachsen. Jeden Tag stehen die schmalen Fährten über den grasigen Weg, der die Dickung umsäumt, in das Hochholz hinein, aber auch wieder heraus, und kein Mensch, der den Kammweg wandert, kann sich rühmen, das scheue Wild gesehen zu haben. Denn scharf sind die Sinne der alten Muffel. Schon auf weite Strecken vernehmen sie den Schritt des nahenden Wanderers; jeder Luftzug, der um die Bergköpfe küselt, sagt ihnen Bescheid, was im Walde vorgeht, und die geringste Bewegung zwischen den Stämmen wird wahrgenommen und auch gleich richtig gedeutet.

Neun Stück zählt das Rudel, das gewöhnlich hier oben über der „Steinhölle" in der Dickung steht. Ein guter Widder ist dabei, und den hat mir der Jagdherr freigegeben. Auch einen Rehbock oder ein Stück Schwarzwild darf ich strecken –, aber was fragt man danach, wenn man darauf rechnet, auf einen starken Muffel zu Schuß zu kommen?! Schwarzwild gibt's auch in den Forsten der Heide genug, und ein Rehbock reizt mich jetzt, wo die bunte Zeit da ist, längst nicht mehr so wie im Sommer. Jedenfalls nehme ich mir fest vor, den Drückefinger nur krumm zu machen, wenn mir ein starker Widder schußgerecht kommt.

Bis in die Nacht saß ich gestern abend fünfzig Schritt vor der Dickung im Fichtenaltholz. Lange schon hatte der Kauz hinter mir in den Buchen gerufen, und aus dem Tal war ihm Antwort geworden –, lange schon hatten die Amseln verschwiegen, die in den dichten Kusseln über dem Steinbruch um ihre Schlafplätze zankten –, aber kein Wild zog auf dem stark vertretenen Wechsel an mir vorbei. Nur eine Ricke äste auf kurze Zeit auf dem grasigen Fleck einen Büchsenschuß vor mir und trat dann in den schützenden Fichtenwald zurück. Als ich zuletzt leise und ganz, ganz heimlich zurückbirschte, fand ich des Rätsels Lösung: der Wind küselte hier oben ganz niederträchtig und trieb meinen Pfeifenrauch dreißig Schritte unterhalb meines Ansitzplatzes in langen Schwaden aus dem Altholz gerade in die Dickung hinein . . .

Seit fünf Uhr in der Frühe bin ich wieder im Berg. In großartiger Pracht gleißen und glitzern droben die Sterne am Himmel, und eiskalt zieht es aus dem Tal herauf, als ich droben auf der Blöße den alten Hochsitz erklimme, um da den Tag zu erwarten. Fröstelnd hülle ich mich in meinen warmen Lodenmantel, ziehe den Kragen hoch und setze hinter dem vorgehaltenen Hut die Pfeife in Brand, damit mir der Rauch sagen kann, wie der Wind weht. Leise, ganz leise raunt es hinter mir in den welken Blättern der Buchen. Irgendwo knackt ein Ast –, vielleicht wechselt da Wild heran –, unten im Tal blafft ein Hund, und ganz weit weg, wo die Menschen wohnen, rollt ein Zug durch die Nacht.

Ein wenig hellt es sich auf. Auf der Blöße vor mir kann ich schon die einzelnen Büsche unterscheiden. Bewegte es sich dort drüben nicht eben? Lange starre ich auf die Stelle: aber nichts ist zu erkennen, und auch mein Glas sagt mir nichts Genaues. Schließlich fangen vom angestrengten Sehen die Augen an zu schmerzen, rote, blaue, grüne Flecke tanzen vor mir herum und gaukeln mir allerlei Bilder vor –, aber dann sind sie auf einmal wie weggeblasen, denn ganz deutlich habe ich auf der Blöße im fahlen Grase eine Bewegung aufgefangen.

Heller und heller ist es nun geworden. Mit rosigen Fingern greift die Morgenröte hinauf in den tiefblauen Himmel, wo die Sterne verblassen. Der Wald bekommt Farben. Goldbraun ist das Laub der Buchen, schwefelgelb leuchten die zwei, drei Eschen aus dem tieferen, satten Grün der Fichtenjugend. Blaugrün schimmert nun auch der Mantel des Altholzes; aber unter den hohen Bäumen kriecht noch die blaugraue Dämmerung, und nur die vorderen Stämme stehen wie kupferne Säulen im Lichte des kommenden Morgens.

Der erste Sonnenstrahl wirft noch mehr Farben in das bunte Bild des herben Oktobermorgens. Aber er hat auch den Wind geweckt, der nun mit schneidender Kälte über die Blöße her mir gerade ins Gesicht weht und den Gräsern und Halmen auf der Lichtung am Kammwege silberne Reifnadeln anheftet.

Und wieder ist auf der Blöße vor mir Bewegung. Drei Rehe treten aus den Buchen, zupfen am Brombeergerank und ziehen dann weiter der Dickung zu. Kaum sind sie verschwunden, da kommen schon wieder zwei andere; eine Altricke und ein Kitzbock auf dem selben Wechsel. Gerade wollen die beiden im Altholz verschwinden, als ein langer roter Strich auf dem Wege erscheint; Reineke Rotvoß, der nach nächtlicher Fahrt in die sichere Dickung schnürt. Ärgerlich stampft die Ricke mit den Läufen, als sie des Räubers ansichtig wird, aber der rote Gauner hat es sehr eilig und kümmert sich nicht im geringsten um die Ricke.

Mit meinem guten Glase leuchte ich in die nebelnde Dämmerung zwischen den Stämmen hinein, erkenne da zwei, drei, fünf Stück Wild –, und dann bleibt mir eines Herzschlages Länge der Atem weg, denn das, was da unter den Fichten heranwechselt, ist ein Rudel Muffelwild. Ohne sich weiter aufzuhalten, kommt das Leittier näher und näher. Ein Kalb folgt hinterher, dann ein Schmalstück, darauf ein Widder, und den Beschluß macht ein Jährling mit kaum handlangen Hörnern. Nur fünf? Aufmerksam suche ich mit meinem Zeiß zwischen den rotbraunen Fichten nach den vier fehlenden Tieren des Rudels –, vor allem nach dem starken Widder mit den mächtigen Schnecken und dem schlohweißen Sattel, den ich schießen will. Aber nichts regt sich mehr unter dem Fichtenmantel, vor der grünen Dik-kung –, es sind und bleiben nur fünf Stück, die da jetzt am Rande des Schlages entlang wechseln.

Am Kammweg verhofft das Alttier und sichert. Gut achtzig Schritte sind es von da bis zu meiner Kanzel –, aber mein gutes Glas zaubert mit das seltene Wild zum Greifen nahe heran. Ganz deutlich kann ich so jede Einzelheit erkennen: die fuchsige Decke, die grauweißen, sehnigen Läufe, den braunroten Grind mit den kleinen Lauschern, den eigentümlich gebogenen ganz hellfarbigen Windfang mit den großen dunklen Lichtern darüber.

Lange, sehr lange verhofft das Kopfstück des Rudels, und unbeweglich stehen auch die anderen. Ob meine frische Spur von heute morgen, die zwanzig Schritte diesseits des Wegs deutlich im langen Grase zu sehen ist, ihnen wohl Mißtrauen einflößt? Aber nein, das kann eigentlich nicht der Fall sein, denn der Wind weht mir ja gerade ins Gesicht. Vielleicht jedoch küselt hier oben die Luft! Jedenfalls ist das alte Tier drüben die Vorsicht selbst. Das sieht man ihm ja geradezu an. Und diese Feststellung, die ich so oft auch an Hirsch und Sau zu meinem Leidwesen machen mußte, läßt mich die fremden Gestalten da drüben wieder etwas höher einschätzen.

Endlich, endlich scheint sich das Leittier beruhigt zu haben. Mit merkwürdig eckigen Bewegungen zieht es weiter, dahin, wo in der Delle neben dem Windwurf unter den schütteren Fichten allerhand saftige Gräser wachsen. Langsam folgen die anderen. Jetzt zupft der stärkere Widder ein paar Halme –, und dann äsen die anderen auch. Aber immer und immer wieder sichert das eine und andere Stück, vor allem das führende Tier, aufmerksam nach allen Seiten, ob auch nirgends etwas Verdächtiges zur Flucht Anlaß geben könnte.

Den beiden Widdern scheint aber schließlich die Zeit lang zu werden. Erst senkt der eine die Stirn, dann der andere, und nun gibt's einen kleinen Waffengang. Hin und her schieben sich die beiden blitzschnell voneinander ab, um dann ebenso plötzlich wieder die Kräfte zu messen. Manchmal stehen sie zwei, drei Minuten unbeweglich, Schnecke an Schnecke, den Körper gestrafft, die sehnigen Läufe fest in den Boden gestemmt. Bitterer Ernst scheint es den beiden Rivalen zu sein –, und doch ist's nur fröhliches Spiel, denn jetzt lassen sie voneinander ab, springen mit steifen Gelenken vier, fünf Schritte zurück, senken den Grind und werfen mit kurzem Ruck wieder den Kopf empor, um dann friedlich nebeneinander zu äsen.

Mein Drilling liegt gespannt und entsichert auf den Knien –, aber ans Schießen denke ich nicht. Die beiden da sind die Kugel noch nicht wert. Eine Kleinigkeit wär's ja, das Langblei hinüberzusenden und den einen davon auf die Decke zu legen. Aber was hätte ich davon? Mit den schwachgebogenen Schnecken könnte ich keine Ehre einlegen – und einen Widder zu strecken, nur um einmal im Leben einen geschossen zu haben –, nein, dazu sind sie mir doch zu schade! Viel schöner als Schießen ist es doch, zu beobachten und zu schauen! Noch eine volle halbe Stunde zieht das Rudel unter den Stämmen umher. Manchmal fällt es mir ordentlich schwer, das eine oder andere gerade unbeweglich verhoffende Stück mit dem Glas zu fassen, so gut paßt sich die Farbe der Decke der Umgebung an. Aber schließlich wechseln die fünf doch tiefer ins hohe Holz hinein. Noch einmal schimmert es grauweiß zwischen den roten Stämmen –, dann ist alles vorbei.

Langsam steige ich von meiner luftigen Warte, recke die steifen Glieder, überquere den Schlag und suche auf dem ausgefahrenen Wege die Stelle, wo das Leittier verhoffte. Richtig, da steht die Fährte mit den zierlichen schmalen Schalenabdrücken im weichen Grund, dicht neben dem Wechsel, wo die Läufe des guten Bockes, der heute in grauer Frühe hier durchzog, ihren Abdruck im feuchten Boden hinterließen. Und fremdartig wie die ganze Erscheinung der Wildschafe, muten mich auch ihre Fährten an.

Mit suchenden Blicken folge ich weiter der Spurbahn talab. An der scharfen Ecke, wo der Kammweg um die Blöße biegt, reißt es mich zusammen. Da ist heute früh ein anderes Wild durchgewechselt, denn deutlich und klar hebt sich da vor mir das breite Insiegel eines jagdbaren Hirsches aus der schwarzen Erde ab. Das war der Zehner vom „Großen Karl"!

Durch den goldbraunen Buchengrund schreite ich rüstig bergab. Über mir ziehen die Drosseln mit schwermütigem Ruf, reisige Kraniche trompeten hoch oben in blauer Luft, die Goldfinken locken im Berg, und überall gleißt das Sonnenfeuer auf den brennendroten Hängen wie loderne Glut – unten im Tale aber über der weiten dunstigen Ebene brauen noch dicht und schwer die Nebel.

Und sind heute früh meine Läufe auch blank geblieben –, die Erinnerung an diese köstlichen Stunden da oben in freier Höhe ist mir ebensoviel wert wie ein kalter, herzloser Büchsenschuß.

Schnepfensuche

In Pralles Busch lodert das Feuer des Frühherbstes. Noch vor acht Tagen war das Holz vor den Wiesen eine gleichmäßig grüne Wand. Dann aber kam eines Nachts, als der dicke Nebel über den Gründen brauste, der erste Frost –, und als am Morgen die Hirsche röhrten, war das ganze Bruch weiß von Reif. Es half auch nichts, daß sich die Sonne den ganzen lieben Tag alle erdenkliche Mühe gab, den Schaden wieder gut zu machen –, der Sommer war unwiederbringlich dahin, der Herbst hatte Baum und Busch mit seinem Eishauch gestreift.

Und nun haben wir die Tage des Kraunensommers. Hoch in der blauen Luft ziehen die silbernen Geschwader reisiger Kraniche, und ihre Kor- und Kürrufe trompeten lautschallend über das bunte Bruch. Die Sonne scheint so warm wie im Mai –, man sollte es kaum glauben, daß man in der Frühe beim Hirscheverhören den dicken Mantel bitter nötig hatte. In allen Zweigen lockt ziehendes Kleinvogelvolk, bunte Häher wandern laut rätschend von Feldholz zu Feldholz, und an allen Rispen wehen die Fäden des Mädchensommers. Das ist ein Tag, wie ihn der Herrgott in seiner besten Laune geschaffen – ein Tag, den man auskosten muß bis zur Neige.

In diesen Wochen lohnt es sich, mit dem ruhigen Hunde die Büsche abzustöbern, wo die Herbstschnepfe so gern liegt. Gleich nach dem Kaffee schließe ich darum die Hütte ab, stecke mir ein halbes Dutzend Schrotpatronen feinster Sorte in die Tasche, schlage den Drilling über den Rücken und bummele mit meinem alten Hunde ins Bruch hinein. Ganz plan- und ziellos streife ich durch Wiesen, Heidstücke, Birkenbüsche und Feldhölzer. Es gibt ja nichts

Schöneres, als sich so wunschlos und unbeschwert durch Hecken und Hagen zu drücken. Jeden Augenblick kann es irgendeine Überraschung geben, an jeder Wald- und Wiesenecke kann etwas Neues auftauchen. Das ist ja gerade das Schöne in diesem Jagen, daß man so ganz und gar der Gunst des Augenblicks überlassen bleibt.

Meine alte Wachtelhündin sucht eifrig, aber doch planmäßig vor mir her. Man sieht es der Alten wirklich nicht an, daß sie in wenigen Tagen ihren zwölften Geburtstag feiern kann. Erfahrung macht klug, auf der Jagd aber ist die Erfahrung eines alten guten Hundes schon das halbe Weidwerk. Die Hündin macht keinen unnützen Weg mehr. Jetzt zieht sie unter Wind an dem dicken Hagen entlang, der Niemanns Wiese von der Heide trennt. Die Nachspur des Hasen, der am Schlehenbusch seinen Paß hat, interessiert sie jetzt nur wenig, weil sie genau weiß, daß wir ihr jetzt doch nicht folgen. Viel mehr aber hält sie sich an den Brombeeren auf. Da liegt gern ein Karnickel. Auch heute scheint dort ein Laputz zu stecken. Er hat seinen Platz so gut gewählt, daß ihm eigentlich kaum beizukommen ist. Aber das hilft ihm nicht viel –, raus muß er doch. Wie ein grauer Ball wischt das Karnickel an der Hecke entlang, und ganz erstaunt äugt die Hündin zu mir her, als es nicht knallt. „Heute nicht, Alte, in vier Wochen wollen wir's hier noch einmal versuchen!"

In Niemanns Busch tauchen wir nun unter. Ein bunter Fasanenhahn steht mit schimpfendem Gocken vor der Hündin –, aber auch den lange ich mir nicht. Fasanen werden in diesem Jahr überhaupt im Revier nicht geschossen. Von den Tauben jedoch, die aus der alten Eiche abklatschen, hätte ich mir um so lieber eine geholt –, doch die kommen mir nicht schußgerecht. Weiter geht die Suche! Die Häher machen einen Mordsradau, eine Elster schackert, die Amsel schimpft. Mitten in diesem Gezeter aber geht es „Klack – Klack!", und ein brauner Schatten huscht schnell über die Schluppe: die Schnepfe.

Weit wird sie nicht gestrichen sein. Der Langschnabel liebt es nicht, tagsüber größere Strecken zu fliegen. Ich kann mir ungefähr auch denken, wo die Schnepfe wieder eingefallen ist: in den lichten Ellern an der Quelle. Vorsichtig drücke ich mich durch die jungen Fichten. Die Hündin arbeitet ganz kurz unter der Flinte. Richtig – in den Ellern wird sie lebhafter! Hin und her geht es in dem trockenen Laub, über das goldene Sonnenflecken in Kreisen und Kringeln tanzen. Da – jetzt wieder „Klack – Klack!" Die Schnepfe ist aufgestanden – doch so, daß ich sie erst zu sehen bekomme, als sie gerade um den alten Wacholder auf der Blöße schwenkt und verschwindet.

Und wieder folge ich in der ungefähren Richtung. Ein Hase rutscht hinter mir aus der Sasse –, doch auch ihn kann ich in dem hohen Gras nicht frei bekommen. Macht nichts – wenn ich nicht schieße, brauche ich ihn nicht zu schleppen! Jetzt bin ich am Ende des Busches –, aber die Schnepfe ist nicht da. Vielleicht ist sie doch im Bogen noch mehr herumgeschwenkt, als ich annahm. Soll ich noch einmal zurück? Ach was – nur weiter! Jetzt liegt Pralles Busch vor uns. Dort steht manchmal Rotwild, und darum sehe ich rasch noch einmal nach, ob ich auch den Kugellauf geladen habe. Langsam schiebe ich mich über die vielen kleinen Heideblößen zwischen Farnkraut und Faulbaum, Kiefern-kusseln und Wacholderbüschen. Rotwild scheint heute nicht im Busche zu stehen –, aber der gute Sechserbock, der hier zu Hause ist, kommt mir schußgerecht. Eine ganze Weile kann ich mir, während er aufmerksam nach dorthin sichert, wo die Hündin stöbert, sein braves Gehörn anschauen, dann bekommt er plötzlich Wind von mir und poltert weg. In zwei oder drei Jahren vielleicht ist er erst für die Kugel reif.

Nun muß ich aber wieder Anschluß an meine Hündin suchen. Da rechts, wo der gelbe Farn leuchtet, hält sie sich verdächtig lange auf. Und richtig –, schon bin ich dort, da steht auch schon der Langschnabel auf. Diesmal aber bin

ich gut drauf – im Schuß tanzen langsam ein paar Feder-
chen – die Schnepfe aber ist weg. Ich lasse den Hund
arbeiten und brenne mir zunächst einmal eine Pfeife an.
Dann suche ich mir ein sonniges Plätzchen und will es mir
gerade bequem machen – da sitzt die kleine Hündin auch
schon vor mir, den braunen Vogel im Fang.

Massenstrecken sind es nicht, die man auf der Schnepfen-
suche machen kann. Wenn man Glück hat, schießt man an
einem guten Jagdtage vielleicht zwei, drei oder auch vier.
Dann aber hat dem Jäger Diana schon ganz besonders
gelächelt. – Aber kommt es beim Weidwerk denn schließlich auf die Größe der Strecke an? Ist nicht das Drum und
Dran am Jagen letzten Endes die Hauptsache?

Im herbstbunten Bruch

Es ist ein Tag zum Träumen. Einer von denen, wie sie nur der Herbst bringen kann; ein Tag in Gold und Grün, in Blau und Brokat. Golden rieseln der Birken letzte Blätter über die schneeigen Stämme ins braune Heidkraut, und wie grüner Samt leuchten die schwellenden Polster des Frauenhaars zwischen den rotbraunen Fuhrenwurzeln am Brink. Knallrote Fliegenpilze, dottergelbe Pfifferlinge, elfenbeinfarbene Erdschiefer und giftgrüne Täublinge protzen auf der Nadelhecke im Kiefernstangenort vor dem Moore. Von wunderbarer Brokatfärbung ist der Krüppeleichen sterbendes Laub. Am Rosenbusch, den des Herbstes Hauch noch nicht geküßt, nicken die roten Hagebutten, und von gleicher Tönung sind die kleinen Mehlfäßchen im welkenden, hellgelben Weißdornbusch. Wohin sich das Auge auch wendet: überall Farben, leuchtende, prächtige Farben – alles in allem eine sinnenbetörende, flammende Herbstsymphonie.

In diesen wenigen Wochen hat das Bruch seine hohe Zeit. Gewiß, auch im Frühling und Sommer ist es dort schön. Aber die Farben sind dann einförmiger – Grün ist das Bestimmende, Tonangebende, und selbst die tausend und aber tausend Blüten vermögen nicht, es zu verdrängen. Auch im Winter ist es herrlich im Bruche, vorzüglich in der weißen Zeit, doch auch dann ist alles nur von einer Farbe beherrscht. Kommt aber die Zeit des Sterbens, dann fangen für das Bruch die goldenen Tage an.

Ganz mutterseelenallein bin ich heute mittag mit meiner braunen Wachtelhündin hinausgegangen in die herbstbunte Pracht. Wenig liegt mir daran, Beute zu machen; nur ungestört will ich sein, stille Feierstunden genießen,

Abschied nehmen von lachender lustiger Zeit und mich einspinnen lassen in Träume und liebe Erinnerungen.

Vor dem Moore murmelt ein Bach. Jauchzende Lieder sang er mir einst, als ich im Frühsommer an ihm entlangpirschte, dem roten Bock zu Gefallen. Blaue Vergißmeinnicht, goldene Schwertlilien und duftweiße Bärenklau wiesen mir damals seinen grünverhangenen Weg. Heute raunt er ein anderes Lied. Über die steinerne Brücke gelehnt, sehe ich einem in die grüngoldene Flut. Tote Blätter treiben träge in den schwarzen Wogen, hinein ins Ungewisse. Wo werden sie sinken, was wird aus ihnen werden? Ist es mit dem Leben nicht gerade so? Gibt uns das Sterben nicht auch tausend Rätsel auf?

Aber es hat wenig Zweck, an solch lachendem, lockendem Herbsttag wie heute solchen Gedanken nachzuhängen. Und es drängt mich auch weiter, hinein in das Bruch. Da ist ja das Wiesenholz! Eine Welt für sich ist dieser Busch, den nur selten einmal ein Mensch betritt. Oft bin ich mit gutem Winde an seinem Rande entlanggeschlichen, um den schwarzen Sechser zu betören, der hier in dieser schier undurchdringlichen Dickung seinen Stand hat. Heute kenne ich den Weg, den ich so oft gegangen, kaum wieder. Denn in allen Farben, vom hellsten Gelb bis zum leuchtenden Rot prahlen die Blätter der vielerlei Büsche, die da wachsen, und ebenso verschieden gefärbt sind ihre Beeren und Früchte.

An der Wallhecke entlang führt mein Gang. Auch da überall buntes Laub! Und wie gut heute die Häher in ihren Harlekinsröcken in das Bild hineinpassen! Ein ganzer Flug tut sich an den Eicheln gütlich. „Tapp, tapp", fallen ein paar der reifen Früchte herab. Einer von den bunten Gesellen schwebt mit gespreizten, blauweißen Schwingen aufs Moos, hüpft da wie albern umher, duckt sich, sträubt seine bunte Holle, nimmt eine Haselnuß und flattert damit in eine schwefelgelbe Hagebuche, um den süßen Kern zu verzehren. Aber mitten in seiner Arbeit schreit er gellend und laut auf, denn er hat mich gesehen, und im Nu ist der Spektakel im Gange, denn alle die anderen stimmen besinnungslos in das Gekreisch mit ein, und ich muß machen, daß ich weiterkomme, wenn ich mir nicht die gesamte Vogelwelt der Gegend auf den Hals hetzen lassen will.

Und nun bin ich im Bruch. Das ist ein Stück Urlandschaft, wie es leider von Jahr zu Jahr in unserem Lande immer seltener wird. Nur wenig hat Menschenhand an seiner Ursprünglichkeit geändert, höchstens, daß an den Rändern besserer Boden zu Wiesenland verarbeitet ist und an anderen Stellen vor Jahren hier und da weißbrauner Torf gestochen wurde. Aber auch das hat nicht vermocht, das einstige Gesicht der Landschaft zu verwischen. Im Gegenteil, um so wilder nur wuchern in den verwachsenen Torfstichen Busch und Kraut.

Bis über die Hüften tauche ich hinein in die hohen, fahlgelben Windhalme, die hier vorn im Bruche die Oberhand haben. Ganz langsam gehe ich an der Beeke, die in vielfach gewundenem Lauf aus dem Moore kommt, entlang. Aber ich muß mein Vorhaben bald aufgeben; denn bedenklich schwankt unter mir der schwarzbraune Boden, und tief sinkt der Fuß in den schlammigen Grund. Hier irgendwo ist ja auch die Stätte, wo einmal vor langen Jahren ein Jäger spurlos im wilden Bruche verschwand. Noch heute erzählen die Leute in den Dörfern diese Geschichte. Freilich, andere wieder wollen wissen, daß die Kugel eines Freischützen damals dem Pirschen des jungen Weidmannes jäh ein Ende bereitete. Doch wer kann das behaupten? Soviel ist jedenfalls sicher: bei Abend- und Nachtzeit geht kein Mensch an dieser Stelle vorbei.

Aber wo ist denn nun bloß der Hund? Beim Grübeln über alte Geschichten habe ich ihn ganz vergessen. Da höre ich es plätschern – und dann geht es los „pak, pak"! Drei, vier bunte Erpel stehen mit rauschenden Schwingen aus der Beeke auf, kreisen mit hastigem Flügelschlag über mir, ordnen sich dann zur Schräglinie und ziehen nach Süden ab. Davon hätte ich einen oder zwei schießen können! So geht es, wenn man nicht aufpaßt. Doch es tut mir nicht leid, daß ich den Schuß im Rohre behielt, denn eigentlich wollte ich ja heute nicht jagen, nur schauen und träumen. Aber zum Träumen, da weiß ich noch einen besseren Platz! Das ist die Moosbank unter der uralten Birke am einsamen Pump. Bald bin ich auf dem Damme zwischen den Kuhlen, schlendere durch den Porst, der hier allenthalben fünf Fuß hoch die verwachsene Torfschicht säumt, biege um den mächtigen Weidenbusch, und dann bin ich da.

Kein menschliches Wesen kommt je an diesen Ort, und Zufall war es, daß ich ihn einst fand, als ich mich auf der Suche nach jungem Birkwild im Bruche verbiestert hatte. Wie froh war ich damals, als ich endlich bei der Birke wieder festen Boden unter die Füße bekam! Zwar mußte ich dann hinterher doch noch dreimal bis an die Hüften durch die vermoorten Torfkuhlen –, aber später schuf ich mir dann den Weg, den ich heute gegangen und als mein Geheimnis treu behüte.

Gut sitzt es sich hier unter der goldenen Birke zwischen den knorrigen, ineinander verschlungenen und mit schwellendem Moos überzogenen Wurzeln des Baumes. Schatten gibt's da im Sommer genug, und frisches Wasser liefert der abgrundtiefe, klare Born, in dem sicherlich irgendwelche verzauberten Nixen und Wassergeister wohnen. Vielleicht sind das überhaupt die Mummeln, die im Frühsommer auf der grüngoldenen Wasserfläche die weißen Kelche spreizen.

Vor mir im blaugrünen Moosbeerenkraut liegt eine bunte Feder. Gedankenlos hebe ich sie auf, aber dann werden auf einmal meine Augen blank, denn was ich da zwischen den Fingern halte, das ist eine Handschwinge aus dem Fittich des Wanderfalken! So kennt also noch ein anderer außer mir den stillen, heimlichen Ort – und gar ein Edeling ist es, wie es ihrer nicht viele mehr gibt. Darum will ich mir auch die schlanke Feder zur Erinnerung aufheben, und schnell entschlossen schiebe ich sie hinter das Hutband. Da soll sie mich immer an meinen heimlichen Platz im herbstbunten Bruch erinnern.

Zwischen den Porstbüschen, an denen schon die nächstjährigen Kätzchen zu sehen sind, taste ich mich zurück auf den Standrücken, der das Bruch durchzieht. In der sumpfigen Niederung, die an der einen Seite des flachen Hügels liegt, stöbert der Hund. Jetzt wird er lebhafter, schneller wedelt die Fahnenrute, da geht es auch schon „ätsch, ätsch", und mit reißendem Zickzackfluge saust die Bekassine davon. Wo eine ist, liegen meist auch mehrere. Richtig, da steht schon wieder solch flinkes Ding aus dem Risch auf. Nun wird es aber Zeit. Schnell habe ich die groben Schrote mit feinem Zeug vertauscht, und wie der Hund eine dritte Sumpfschnepfe herausstößt, kracht es. Der erste Schuß geht daneben, aber im zweiten kippt der Langschnabel in die Binsen herab. Stolz bringt ihn der brave Hund. Noch eine zweite und dritte kann er mir aus dem verwachsenen Ried herausholen, dann ist es an dieser Stelle scheinbar mit dem Segen vorbei.

Durch bunte Büsche bummele ich weiter, immer ins Blaue hinein. Über mir ziehen riesige Kraniche in gewaltigem Keilzug nach Südwesten. Ihre hellen Trompetenstöße tönen aus hoher Luft – die letzten Abschiedsgrüße für die nordische Heimat. Und kaum sind sie hinter den blauen fernen Wäldern verschwunden, da kommen von Norden her andere Reisende, schwerfälligen langsamen Fluges rudern sie heran, gerade auf mich zu; fünfzehn, zwanzig, vierzig, fünfzig Bussarde aus Nordland. Da oben ist sicher der Winter schon eingezogen, hat die weite Tundra mit weißem Lailach bedeckt und alle die Lemminge, ihre Beutetiere, unter der weißen Schneedecke begraben. Für den Vogelzug ist überhaupt heute ein großer Tag. Überall locken die Bergfinken in den goldenen Birken, Weindrosseln, ein großer Flug, sind in den Ebereschen vor dem Bruche eingefallen und schwatzen und zwitschern, daß es eine Art hat, und allenthalben tönt aus den Büschen der dreifarbigen Wacholderdrosseln langgezogener Ruf. Nicht lange mehr wird es dauern, dann stellen sich an der eisfreien Beeke die bunten Nordlandenten ein, Berghänflinge, Erlen- und Birkenzeisige werden die Samen der Ellern und Birken am Ufer plündern, und in den hohen Fichten drüben im Bauernbruch wird es lebendig werden von lockenden Kreuzschnäbeln, prächtig gefärbten Gimpeln und allerlei ziehendem Meisenvolk.

Zwischen den Krüppelkiefern auf dem Sandbrink, wo meterlanges Heidekraut um moosige Wanderblöcke und hohe Machangelbüsche wuchert, liegen gern die dunklen Moorhasen. Davon will ich mir einen holen. Bald hat der Wachtel zwischen dem verwachsenen Zeug denn auch einen Krummen gestochen, und mit Jiff und Jaff hetzt er ihn durch Busch und Kraut. Ich schiebe mich bis an die Kante des Moores vor und warte, bis mir der Hund den Hasen zurückbringt. Jetzt läutet die Jagd unten im Bruch, bricht kurz ab, um dann in den Porstbüschen aufs neue einzusetzen. Näher und näher kommt der Hetzlaut, da flüchtet der Hase, ab und zu Haken schlagend, in weiten Sätzen auch schon durch die Mehlhalme heran, gerade auf meinen Stand zu – und dreißg Schritte vor der letzten Fuhre schlägt er im Dampfe ein Rad.

Für heute soll es genug sein mit dem Jagen. Ich könnte ja noch ins Wilde Moor pirschen, wo das junge Birkwild um diese Zeit so gern zwischen den Rauschbeeren liegt, die kleinen Kricken in den Torfkuhlen gründeln und der heimliche Bock mit dem schlechten, zurückgesetzten Gehörn, der bislang allen Listen und Schlichen zum Trotz seine Decke in Sicherheit brachte, in dem jungen Birkenanflug umherbummelt. Mein Wachtel scheint auch nicht abgeneigt zu sein, aber ich habe keine Lust mehr dazu. Viel lieber will ich bis in den Abend hier im bunten Bruche bleiben, und höchstens um die Schummerstunde noch auf die streichende Herbstschnepfe passen.

An der dicken Fuhre setze ich mich an. Die Sonne steht tief über dem Moore, und ihre letzten Strahlen hüllen die weite Fläche vor mir in ein leuchtendes Gold. Wie Feuer lodern die Birken und Porstbüsche – und im Abendschein flammen die Eichen in brennendem Rot. Kraniche rufen ganz hinten im Moor; kläglich wimmern die Kiebitze in den Wiesen am Bach. Langsam verrinnt die Zeit. Mit klingendem Schwingenschlag fliegen hoch über mir Enten hinweg, dem Flusse zu. Eine Eule schwebt lautlos über die Blöße, zwei Bussarde streichen nach dem hohen Holze, wo ihre Schlafplätze sind. Silberner Nebel steigt aus den Gründen, und bald ist das Moor eine einzige weiße, wogende Fläche. Ganz still sitze ich auf meinem Jagdstuhle, rauche und schaue in den sinkenden Tag. Neben mir liegt auf dem Rucksack der Hund. Da hebt er den klugen Kopf – ein Schatten saust pfeilschnell vorüber, aber ehe ich die Waffe gehoben, ist die Schnepfe schon von dem Dunkel des Holzes verschluckt. Vorüber – verpaßt!

Durch nachtschwarze Heide wandern wir beiden zurück, dem Dorfe zu. Droben am Himmel flammt Stern bei Stern in einsamer Höhe. Ganz still schläft die Welt, zugedeckt von den Flügeln der Nacht. Und mit mir schreitet die Erinnerung an den Nachmittag, der hinter mir liegt, an den leuchtenden Tag im herbstbunten Bruch.

Brunftmorgen im Solling

Dunkel und still war die Nacht, als ich gegen ein Uhr noch
einmal vor die Hütte trat, um zu horchen, ob nicht
irgendwo ein Hirsch röhrte. Aber nichts rührte sich in der
Runde. Ich setzte mich auf die Bank vor der Hütte und
kraulte den Kopf meines Wachtels, den er auf mein Knie
gelegt hatte. Leise ruschelten über mir die Blätter der alten
Buchen; hoch im samtschwarzen Himmel flimmerten und
funkelten die Sterne, und in den Tälern, in die ich vom
Hange hineinschauen konnte, lagerte ein milchweißer
Dunst. Plötzlich hob mein Rüde den Fang und windete
scharf in den Hang vor der Jagdhütte hinein. Ein Brechen
und Blasen kam von dort herüber – sicher war es die Bache
mit ihren drei Frischlingen, die immer in der verfilzten
Dickung an der alten Poststraße auf dem Kamme steckte
und nun ins Tal wechselte. Doch das Knicken und Knacken
wurde immer schwächer und hörte schließlich ganz auf.

Mich fröstelte. Enger zog ich den Lodenmantel um die
Schultern und ging in die Hütte zurück, wo ich mir in der
Ecke ein Lager bereitet hatte, löschte die Kerze und ver-
suchte zu schlafen. Aber der Sandmann wollte und wollte
nicht zu mir kommen. Immer wieder mußte ich in den
Kamin schauen, wo die Buchenscheite im Feuer knisterten
und rote Flammen zuckende Lichter über die Klötze tanzen ließen. Und plötzlich schien es mir so, als sei in den
dicken Wurzelknollen, der neben der Feuerstelle lag,
Leben gekommen. Das war kein Holz mehr, das dort
lagerte, sondern ein zusammengerolltes Tier, ein Marder
oder ein Iltis, der sich bewegte und auf mich zuspringen
wollte.

Schließlich mußte mich der Schlaf aber doch übermannt
haben, denn als um vier Uhr der Taschenwecker rasselte,

fuhr ich verwirrt in die Höhe und wußte zuerst gar nicht, wo ich war. Ich warf neue Scheite in die Glut, daß die Funken sprühten, goß Kaffee in den rußigen Kupferkessel und schnitt Brot und Wurst zurecht. Es pürscht sich schlecht mit leerem Magen, und ich habe es auf der Jagd immer wieder erfahren, daß ein gutes Frühstück mehr wert ist als der schönste Sonnenaufgang.

Stockdunkel war es noch unter den Buchen, als ich die Hütte hinter mir abschloß, und die Sterne schickten kein Licht unter das dichte Blätterdach. Aber es war viel kälter als gestern abend, und ein scharfer Wind schnitt mir ins Gesicht, als ich die alte Einbecker Straße auf dem Kamm erreichte. Doch das war mir nur recht, denn rings in der Runde röhrten die Hirsche. Lauschend verharrte ich, auf meinem Pürschstock gestülpt, und horchte. Drüben in den Fichten röhrte der alte Zwölfender – in größeren Pausen antwortete ihm der Zehnender aus dem Rohrbruch. In den Altbuchen über dem Hellental meldete ein anderer Hirsch; wahrscheinlich war es der starke Vierzehnender, den der Forstwart als Belohnung für seine langjährige Dienstzeit, die im Frühjahr beendet war, strecken sollte – und im Rinderstall schrie der zurückgesetzte Achtender seinen Grimm und seine Minne in den grauenden Morgen hinaus. Seine Stimme war entschieden die stärkste und tiefste von all den anderen.

Langsam pirschte ich am Gatter entlang, das hier den alten Heerweg säumte. Dort war weiches Moos und Gras – auf der Straße konnte man nicht lautlos gehen. Wie viele Kaufleute und Kärrner, Ritter und Reisige waren wohl schon auf diesem uralten Wege vor mir schon gezogen? Heute war er einsam und verlassen, Handel und Verkehr suchten und fanden andere Straßen, Menschen mieden ihn, nur die Fährten von Sauen und Rotwild kreuzen ihn und stehen im roten Sande der Wagengleise, vor allem dort, wo sich in einer Pfütze eine Suhle gebildet hat. Eine solche

Suhle aber liegt nun vor mir, und im ungewissen Zwielicht erfaßt das Auge dort eine Bewegung. Leise nehme ich das Glas zu Hilfe – aber ich brauche es nicht; ärgerliches Blasen sagt mir, daß sich dort Sauen zu schaffen machen. Sicher ist es wieder meine gute Bekannte, die Bache mit ihren drei Fröschen.

Ohne ein Stück Wild zu vergrämen, komme ich auf die Kanzel am Rinderstall, der großen Dickung, die ihren Namen daher hat, weil man in den alten Zeiten, als noch die Waldweide erlaubt war, die Rinder des Nachts da zusammentrieb. In den Fichten geht es laut her, Geweihe krachen aufeinander, Äste knacken und Zweige brechen. Noch ist kein Büchsenlicht – aber so viel kann ich doch ausmachen, daß nämlich ein schwächerer Hirsch in voller Flucht aus der Dickung ins Altholz flüchtet, wo er mit gesenktem Haupt verhofft. Und gleich hinterher dröhnt, nun ganz nahe, der Kampfruf des alten Achtenders. Wieder ist Bewegung am Dickungsrand: ein Schmaltier und ein geringer Sechser erscheinen für einen Augenblick. Wieder röhrt der alte Hirsch zornig und tief – die Beihirsche machen ihm zu schaffen. Aber es muß noch ein besserer Hirsch in der Dickung stecken – denn Beihirsche stellen sich nicht zum Kampf.

Goldrot säumt sich im Osten der Himmel – ganz klar liegt nun die grasige Blöße vor mir im schimmernden Licht dieses köstlichen Morgens. Der alte Achtender röhrt nun jenseits der Dickung – vor mir aber steht plötzlich wie hingezaubert ein Kronenhirsch – ein gerader Vierzehn- ender – aber ein jüngerer Hirsch. Er äugt in die Dickung zurück, dem abziehenden Althirsch nach, der ihn, den Jungen, abgeschlagen hat, als dieser ihm sein Rudel streitig machen wollte. Lange sehe ich nur den Hirsch an, solange, bis er unter den Buchen verschwindet. Auf ihn möchte ich weidwerken, – – aber erst in fünf oder sechs Jahren, wenn er die Höhe seines Lebens überschritten hat und reif für die Kugel ist.

In Nacht und Nebel

Es war schon diesig, als ich am Frühnachmittag die Hütte verließ, um mich in der letzten Ecke des Reviers auf Sauen anzusetzen. Zwar schien die Sonne noch hell vom blauen Himmel, aber über den Wegen und Waldwiesen im Bruche lag doch schon eine hauchdünne milchweiße Dunstschicht, die jedem Kundigen verriet, daß es am Abend eine tüchtige „Suppe" geben würde. Eigentlich, so sagte ich mir, war es zwecklos, überhaupt erst den weiten Weg zu machen, viel richtiger wäre es, jetzt einmal einen kurzen Bummel durch die Karnickeldickungen am Felde zu machen, den Wachtel ein wenig stöbern zu lassen und um die Schummerstunde wieder in der warmen Hütte einzuschliefen, um mit den Freunden einen zünftigen Dauerskat zu spielen. Ja, so wäre es das Richtige!

Doch ich hatte mir den Plan, weit ins Bruch zu wandern, einmal vorgenommen und wollte ihn nun auch ausführen, Also ging ich, den Hund am Riemen, das Hauptgestell entlang, bis ich an die Wiesen kam. Vorsichtig schaute ich erst einmal um die Ecke. Richtig – ich hatte es mir schon gedacht! – Da stand Rotwild in der Sonne. Ein Schmaltier und ein Alttier mit zwei schwachen Kälbern ästen an den Brombeeren vor dem Graben. Schon war ich fertig, um eins von den Kälbern zu schießen, da fühlte ich einen scharfen Windzug im Nacken, gleichzeitig aber flüchtete das Rudel mit einem weiten Sprung über den Graben in die Dickung.

Das war also ziemlich danebengegangen. Ich bin abergläubisch wie alle Jäger – richtig wäre es gewesen, noch jetzt umzukehren. Aber ich wollte einfach nicht. Hätte ich gewußt, was mir noch alles bevorstand, so wäre ich bestimmt zur Hütte gegangen, wo es mollig und warm war.

Am Waldrand ging es nun entlang, dann in die Wiesen hinein. Da war es ganz klar und weitsichtig. Im Feldholz lärmten die Kramtsvögel, drei Bussarde kreisten im Blau, schwermütig lockten zwei Dompfaffen. An der Murbeeke fährtete sich Rotwild, und als ich in das Postmoor kam, zeigte mir mein Hund die Trittsiegel einer groben Sau. Das aber bestärkte mich in meinem Vorsatz, die Kanzel in der alten Schirmfichte vor der Lohhorst zu besetzen.

Es dauerte auch nicht lange, bis ich auf dem Hauptdamm war, der sich quer durchs Postmoor zieht und die Wiesen am Fluß mit den Feldern vor der hohen Heide verbindet. Still und heimlich wie immer war es hier. „Knacks!" machte es laut und in der Stille doppelt vernehmlich, als ich die unterste Sprosse der Leiter betrat. Mit Draht, den ich immer im Rucksack trage, band ich einen frischen Knüppel über die brüchige Sprosse und kletterte dann, jeden Griff prüfend, auf die Kanzel, verstaute Rucksack, Mantel und Büchse, stieg wieder hinab und half meinem Hunde, die Leiter zu besteigen. Da wären wir also glücklich dort, wo wir den Abend verbringen wollten!

Rasch ging die Sonne unter, und ebenso rasch stieg aus allen Senken der Nebel. Über dem Damm breitete sich ein feiner Dunst, zunächst noch durchsichtig, doch bald so dicht, daß ich den Boden nicht mehr sehen konnte. Zugleich aber hörte ich hinter mir Wild herumtreten. Es mußten mehrere Stücke sein, wahrscheinlich Rotwild. Jetzt war alles still, minutenlang rührte sich nichts. Aber das kannte ich! Das Rudel – daß es Rotwild war, stand jetzt für mich fest! – prüfte den Wind. Endlich, endlich zog das Leittier näher heran auf die Schneise zu. Ich war fertig – da trat das führende Stück schon auf sechzig Gänge auf die

Bahn, ein Kalb drängte sich an die Alte, jetzt mußte das dritte Stück folgen. Jawohl, da war es schon – aber nicht das erwartete Schmaltier, sondern ein junger Sechserhirsch. Gleichzeitig aber stellte ich fest, als ich probeweise durchs Zielfernrohr schaute, daß im Nebel kein genaues Abkommen mehr möglich war. Nur die Häupter der Stücke schauten jetzt noch aus der Nebelschicht hervor. Stück auf Stück, über ein Dutzend, zog über die Schneise, doch an Schießen war nicht zu denken.

„Der gute Gott schützt sein Wild" pflegte mein Lehrprinz zu sagen. Es war, als sollte ich heute abend Parade über den Wildstand – wenn auch nur nach dem Gehör – abnehmen. Zweimal wechselten Rehe dicht vor der Fichte über den Weg, ein einzelner Hirsch kam auf Schußnähe vorbei – ich sah nur die starken Achterstangen! – und ein Hase huschte unmittelbar unter der Kanzel durch.

Immer dämmeriger wurde es im Holz, der Nebel aber war mittlerweile so hoch, daß man nicht mehr den Himmel sehen konnte.

Als ich abbaumte und gerade meinen Hund von dem luftigen Sitz holen wollte, sprang mit schweren Sprüngen ein starkes einzelnes Stück hinter mir ab. Eine Sau war es, und böse blies sie mich an, weil sie wohl etwas Verdächtiges vernommen, doch keinen Wind bekommen hatte. Auch das noch!

Und dann kam der Rückmarsch durch das düstere, völlig eingenebelte Holz. An ihn denke ich zeitlebens. Solange ich noch den Hauptdamm unter den Füßen hatte, ging es einigermaßen – in den Wiesen aber war es ein Tappen, Tasten, Gleiten und Glitschen. Zweimal saß ich bis über die Knie im Graben, ein halbdutzend Male küßte ich den Waldboden, weil Wurzeln, Stubben und Braken im Wege waren. Schließlich war ich völlig in der Irre; denn der Stall, vor dem ich plötzlich stand, gehörte Vietsbur und lag schon auf der Grenzkoppel.

Zuletzt kam mir ein Gedanke. „Such's Frauchen!" rief ich meinem Wachtel zu, der angeleint neben mir marschierte. „Frauchen" war zwar weit weg in Hannover – aber mit diesem Ruf verband sich für meinen alten Hund der Begriff von allerlei Leckereien. Und richtig – mein Rüde brachte mich in einer guten Stunde vor die Hütte, wo die Freunde gerade – ein nutzloses Beginnen bei dem Nebel! – eine Rettungsexpedition ausrüsten wollten. Nun, ich war glücklich, zu Hause zu sein, ein steifer Grog ließ Nebel und Nacht bald vergessen. Den Dauerskat haben wir aber doch noch gespielt!

Ansitz im grauen Herbstabend

Grämlich und grau war der Tag, düster und dunkel wird der Abend werden. Feuchter Dunst lagert über den Dikkungen, das hohe Bendgras auf den Blößen beugt sich tief unter der Last schwerer Tropfen; Nässe klatscht um meine langen Juchtenstiefel, quatschnaß ist der Saum meines Lodenmantels, und mein Hund hält sich dicht in meiner Spur, damit er nicht allzu viel von dem nassen Segen in seine Decke bekommt. Aber es hilft nichts; wir müssen über den Kahlschlag durch das lange Gras vor das hohe Holz, wenn wir bei diesem Wind Wild in Anblick bekommen wollen. Da ist schon der Schirm! Der Jagdaufseher hat ihn unter einer tiefbemantelten Fichte so gut eingebaut, daß man ihn kaum bemerkt. Es ist auch leidlich trocken da drinnen: Der Boden ist direkt mit Nadelstreu bedeckt, und das Brett auf der Bank braucht man nur umzudrehen, um keine nassen Keulen zu bekommen. Na, ich habe ja schließlich auch den Lederrucksack als Unterlage!

Mein Wachtel macht es sich bequem – ich stelle die Büchse gesichert in die Ecke, stülpe einen alten Handschuh über den Lauf und brenne mir zunächst die Pfeife an, um zu wissen, wie der Wind weht. Der Rauch zieht nach rechts. Das ist richtig, denn von dort kommt kaum ein Stück Wild, weil dort nur hohes Holz ist und gleich dahinter die große Straße mit ihrem lebhaften Verkehr läuft. Das Wild wird, wenn es heute überhaupt austritt, drüben aus der Dickung wechseln.

Viermal schlägt die Uhr fern im Dorf – noch eine knappe Stunde, und das Büchsenlicht ist vorbei. Ich leuchte mit dem Glase die Blöße ab – nichts ist zu sehen. Ganz still ist es nun – und wenn nicht ab und zu ein Tropfen auf das Geländer des Jagdschirmes klatschen würde, wäre es sogar grabesstill. Ich liebe diese Abende im späten Herbst. Man kann dann so schön träumen und zurückdenken an die lauen Märzabende, die der Lenz und Sommer bescherten, an die lauen Märzabende, wenn drüben an der Brake die Schnepfen grohnten, an die sonnendurchfluteten Mai- und Junimittage, wenn die Ricken mit ihren bunten Kitzen von diesem Schinne ästen, an die schwülen Gewitterstunden um den Laurentiustag, als der rote Bock sein Schmahlreh sprengte.

Wieder zittert ein Glockenschlag über Heide und Holz, wieder tastet das Glas die graugelbe Fläche ab, ist dort nicht eine Bewegung? Lange muß ich schauen, bis ich genau ausgemacht habe, daß der fahle Fleck im Gras tatsächlich ein Reh ist, und zwar ein Bock, ein Gabelbock in grauer Winterdecke. Ich kenne den Jüngling vom Sommer her – knallrot war damals das Kleid, und mächtig prahlte das Gehörn des Zweijährigen. Nun wird er bald abwerfen und die neuen Stangen schieben – aber noch vier, fünf Jahre werden ins Land gehen, bis er für die Kugel reif ist.

Der Bock sichert unentwegt drüben nach der Dickung hin. Aber für mich ist da beim besten Willen nichts auszumachen. Vielleicht trägt ihm der Wind von dort die feine Witterung irgendeines Wildes zu – vielleicht aber knackte es dort auch, doch so leise, daß ich es nicht vernommen habe . . . Auf einmal ist drüben am Holzrand ein rotbrauner Fleck, der vorher bestimmt nicht da war. Das ist ja ein Stück Rotwild! Nein, zwei Stücke sind es. Alttier und Kalb. Fest stütze ich meinen Arm auf den Schinnrand – wie angeschraubt steht das Glas vor den Augen. Wieder eine Bewegung: ein drittes Stück! Und noch eins dazu, jetzt ein fünftes und sechstes – das ganze Rudel zieht hinter dem Kopfstück auf die Blöße.

Ich setze das Glas ab und nehme die Büchse hoch. Nein – über Kimme und Korn geht es nicht mehr –, zu sehr schwindet schon das Licht! Das Zielfernrohr auf den Lauf –

so, nun muß es gehen! Und langsam tastet das Abkommen von Stück zu Stück. Da, das schwache Kalb ganz rechts . . . das wäre gerade richtig für den Abschuß. Das wird das Stück sein, dem vor drei Wochen die Mutter drüben an der Straße überfahren wurde. Jetzt hat es zwar Anschluß an das Rudel gefunden – aber einen harten Winter wird es bestimmt nicht überstehen. Langsam äst sich das Rudel nach links – im Abstand folgt das Kalb. Scharf peitscht der Schuß in den Abend – in wilder Flucht stürmt das Rudel zurück in die Dickung. Ich weiß nicht, ob das beschossene Tier dabei ist; im Knall habe ich nur ein Zusammenfahren bemerkt, doch kein Zusammenbrechen.

Zitternd vor Aufregung sitzt der Hund neben mir. „Ja, Alter, jetzt dürfen wir nicht hinterher! Aber den Anschuß wollen wir wenigstens noch verbrechen!" Und schon habe ich ein paar Zweige von der Fichte gebrochen, die Büchse geschultert und den Hund an den Schweißriemen genommen. Da ist der hohe Stuken, dort der Windwurf – hier muß es gewesen sein. Schnell habe ich den Bruch in den weichen Boden gesteckt und will nach dem Schinn zurück – aber da stemmt sich der Rüde in den Riemen und will nicht von der Stelle. – „Na gut, Alter, bis an die Dickung darfst du der Fährte nachhängen – doch dann ist's Feierabend für heute!" Langsam gebe ich Leine, straff liegt der Hund in der Halsung, zieht quer über den dunklen Schlag – da wird der Riemen locker –, und vor uns im hohen Gras liegt das Kalb. So war es doch gut, daß ich dem Hunde nachgab – denn sonst hätten die Füchse vielleicht in dieser Nacht ihre Freude gehabt.

An den Fischteichen

Dreihundert Jahre und mehr sind die Teiche alt, die sich zwischen Porstmoor und Heidhügeln erstrecken. So steht es in der alten Chronik, so beweisen es auch die dicken Eichen, die auf den Dämmen stehen. Man pflanzte sie in langer Reihe als Heister, nachdem man den Aushub der flachen Teiche zu breiten Deichen aufgeschüttet hatte, oben auf die Kuppe der Dämme als weithin sichtbare Grenze und schonte sie sorgfältig Jahrzehnt um Jahrzehnt, bis sie breitkronig und starkästig wurden und ihren Schatten weit über die Wasserfläche warfen. Auch die Wacholder auf den Querdämmen mögen das gleiche Alter haben; denn gar langsam ist ihr Wachstum und gering in der Breite der Querschnitt ihrer Jahresringe.

Abseits von den großen Straßen liegen die Teiche. Kein Weg außer dem einen, den der Fischmeister und seine Gehilfen benutzen, führt heran. Und das ist gut so. Denn so konnte sich hier eine Welt für sich allen Stürmen der Zeit zum Trotz erhalten. Noch heute sind die Teiche mit ihrem Schilf- und Binsenwuchs, ihren umbuschten Ufern und verwachsenen Randgräben, die durch die Breite jedes Herankommen an die Deiche unmöglich machen, ihren Randmooren und Sumpfwiesen eine Zufluchtsstätte für allerlei wildes heimliches Getier.

Schon früh am Nachmittag habe ich mich aufgemacht, die Büchse über Kreuz geschlagen, den Wachtel am Riemen, um einen Pürschgang um die Teiche zu machen. Vorsichtig drücke ich mich zunächst an der Stelle vorbei, wo das Ufer freigehauen ist und eine fünfzig Schritte breite Blänke weite Sicht auf die freie Wasserfläche gewährt. Ich habe Glück; kein Reiher steht auf, kein Breitschnabel fliegt mit warnendem „Brätbrät" davon. Hinter der Blänke, wo das

Ufer wieder bewachsen ist, geht es rascher voran. Der Weg bis zum Moor an der anderen Seite der Fischteiche ist weit, und allzulange darf ich mich nicht aufhalten, wenn ich noch rechtzeitig zu dem Platz gelangen will, den ich mir zum Ansitz ausgesucht habe.

Auf der kleinen Wiese zur Linken steht natürlich, wie immer, die alte Ricke. Sie ist steinalt, bestimmt zwölf oder dreizehn Jahre und führt schon seit zwei Sommern nicht mehr. Längst müßte sie der Kugel verfallen – aber weil sie so vertraut, beinahme zahm ist und gewissermaßen zum Inventar gehört, denkt kein Mensch daran, sie abzuschießen. Ich komme auch heute wie immer, noch dazu mit schlechtem Winde, auf sechzig Gänge frank und frei ohne jegliche Deckung an ihr vorbei. Die Alte hebt kaum das graue Haupt, äugt nach meinem Hunde mehr als nach mir und äst schon wieder, als ich hinter dem dicken Wacholder noch einmal einen Blick rückwärts werfe. Wenn der Altbock, der hier in dieser Gegend umhergeistert, doch auch so vertraut wäre! Aber der wußte dennoch immer übersicher ganz genau, daß ich Böses gegen ihn im Schilde führte und hielt mich sechs Monate lang zum Narren.

Ich bin kaum hundert Meter weiter auf den Teichdamm vorgepürscht und besehe mir gerade die Stellen, wo die Sauen gebrochen und Eicheln aufgenommen haben, da steht bei einer Biegung des Dammes der alte Bock vor mir. Aber zwischen den Marschern ist alles kahl, seine starken Stangen liegen längst irgendwo im Moor. Bis auf das Haupt verdeckt steht der Alte im Porst und äugt unverwandt zu mir her. Und – o Wunder – heute läßt auch er mich, ohne abzuspringen oder zu schrecken, vorbeipürschen. Nur das Haupt zieht er so weit ein, daß eben noch die Lauscherspitzen zu sehen sind, und langsam folgt die Drehung des Hauptes meinem Schritt.

Hinter der Schilfwand paaken Enten – durch eine Lücke zähle ich wohl dreihundert Stück. Ich muß an die Tage der Sommerpürsch denken, als die Dommel im Rohre unkte,

126

die Frösche großes Freikonzert veranstalteten, die Bläß-
hühner sich jagten und die Fische sprangen, als der braune
Schatten der Rohrweide über die Schilfhalme huschte, so
daß alle Taucher und Enten blitzartig verschwanden, und
das Fischadlerpaar über der flimmernden Wasserfläche
kreiste. Heute ziehen zwölf Lachmöwen über die Teiche,
ein Hühnerhabicht streicht windig übers Rohr, und zwei
Graureiher stehen mit rauhem Schrei aus der Blänke auf.

Und dann bin ich da, wo die Teiche an das Moor stoßen,
drücke mich hinter einem Wacholderbusch und warte auf
das Wild, das aus dem Moore auf die Teichdämme zieht.
Vielleicht bekomme ich Rotwild in Anblick, vielleicht
wechseln auch die Sauen vorbei. Die Sonne ist bereits
untergegangen, rot glüht der Himmel im Westen. Kurz ist
um diese Zeit die Dämmerung – schon wird es diesig im
Moore, und feiner Nebel braut über den Teichen. Überall
melden die Enten, im Moore knackt und bricht es, kommt
näher, entfernt sich dann aber. Das sind die Sauen – heute
wechseln sie auf der anderen Seite heraus.

Dunkler und dunkler wird es – im dicken Nebel liegen die
Teiche. Es hat keinen Zweck mehr zu passen. Aber ist da
vor mir auf dem Damm nicht eine Bewegung? Richtig – das
ist ein Stück Wild – ein Fuchs. Leise ziehe ich die Büchse
an die Wange. Es geht noch so eben – das Silberkorn faßt
Haar – donnernd hallt der Schuß durch den Abend. Entsetzt stehen Hunderte von Enten aus den Teichen auf – die
ganze Luft ist erfüllt vom Klingeln ihrer Schwingen. Krähen quarren, im Moore bricht laut ein Stück Wild weg.

Mein Wachtel aber schlägt sich den Rotrock um die
Behänge, den meine Kugel kurz Blatt faßte, als er die
Teichdämme auf seine Art abzupürschen gedachte.

Hubertusjagd in den Leinebergen

Grau und grämlich steigt der Frühmorgen aus dem Leinetal. Es tropft in den hohen Buchen, es rieselt aus den Fichten, es sprüht, wenn das Gras um die Schmierstiefel schlägt. Aber das alles ist ja nur Nebel, der sich nun in der Morgenkühle zu Tropfen verdichtet und niederschlägt. In der Höhe ist es klar, und am dunkelblauen Himmel schimmert noch ein einziger leuchtender Stern. Wenn die Sonne den Dunst besiegt, wird es einen schönen Tag geben.

Hubertus ist heute, Hubertus – der Tag aller Jäger. Was einen grünen Rock trägt, ist heute im Revier, dem Jagdheiligen zu huldigen, beim Blaff der Meute und beim Jauchzen des Hifthorns den roten Fuchs zu hetzen, den Krummen zu schießen, den urigen Keiler zu jagen – je nachdem, wie es das Revier und der Wildbestand zulassen. Wir wollen heute, so Hubertus will, auf alle drei Wildarten waidwerken. So stand es wenigstens auf der Einladung, die der alte Forstmeister vor acht Tagen schickte.

Am Sammelplatz, der alten Köthe unterm Katzenhai, sind wir die ersten. Aber dann kommt der Haumeister mit den drei Waldarbeitern um die Ecke, und fast gleichzeitig treffen von der anderen Seite der Forstmeister, der Sekretär, der Doktor und zwei Revierförster ein. Händeschütteln, frohes Lachen, Pfeifenqualm und Hundehecheln – das ist so die richtige Stimmung beim Treffen zur Jagd! Nach einer Viertelstunde sind alle Schützen, Treiber und Hunde beisammen. „Meine Herren!", der Forstmeister schaut sich in der Runde um – „ich heiße Sie herzlich willkommen! Geschossen werden Sauen, Füchse, Hasen, Schnepfen. Wir machen vier Treiben – nach dem zweiten gibt es Erbsensuppe. Die Stände werden ausgelost – bei jedem

Treiben wird gewechselt. Geschossen wird nur nach links. Auf die Regeln des Jagdscheins mache ich besonders aufmerksam. Waidmannsheil, meine Herren!"

Die Ansprache war, wie immer, kurz, knapp, rauh und herzlich. Wir wissen ja alle Bescheid, wissen, daß jedes Treiben an- und abgeblasen wird, wo die Folge ist und kennen hier jeden Wechsel und Weg. Wir wissen auch, daß wir nun, wo wir uns dem ersten Treiben nähern, keine Unterhaltung mehr führen dürfen, wenn wir uns nicht selbst um den Erfolg des Tages bringen wollen.

Das erste Treiben! Schwarz und düster liegt die zehnjährige Fichtendichtung vor uns. Wir stehen weit ab im raumen Altholz mit halbem Winde, zwischen uns und der Dickung eine Delle, durch die ein alter Wechsel führt. Ich habe es mir zwischen dem alten Wurzelwerk einer alten Buche bequem gemacht und kann die Delle gerade einsehen. Ein Eichkater macht sich dort zu schaffen, und das Glas zeigt mir, daß es eine abgeworfene Rehstange ist, die er eifrig benagt. Über mir im Gezweig klopft ein Kleiber, und ein Meisenflug schnurrt von Baum zu Baum. Nun müßte das Treiben aber bald beginnen, längst müßten die Waldarbeiter auf der anderen Seite der Dickung im Tale angelangt sein. Und da jubelt auch schon unten am Bache das Horn: „Nun – hört – mal – her! Treiber, geht langsam voran! Treiber, geht langsam voran! Sooo – ist es gut!" Glockenklar klingen die Töne durch den stillen Herbstmorgen!

Still, geheimnisvoll liegt drüben die Dickung. Kein Laut ist nun mehr in der Luft, kein Knacken, kein Knicken. Und doch fühlt ein jeder, daß es da drinnen umgeht, schleicht, verhofft, sichert und dann langsam weiterzieht. Und dann teilen sich gerade vor mir die Büsche – ein grauer Hals, ein trockenes Haupt schieben sich heraus, und mißtrauisch sichert das Alttier in den Bestand, schier eine Ewigkeit lang. Dann tritt es ganz ins Freie, sein Kalb drängt sich an seine Seite, ein Schmaltier folgt, noch ein Alttier mit Kalb

– und im Stechschritt – ganz Mißtrauen und Mißbehagen –
wechselt das Rotwildrudel durch die Delle zwischen mir
und meinem Nachbarn, bekommt Wind von mir und
stürmt dann plötzlich polternd durch das hohe Holz den
Hang hinauf.

Nur einen kurzen Blick werfe ich hinter dem Rudel her –
dann wandern die Augen wieder über den Dickungsrand.
Ein roter Strich schiebt sich eben an der Ecke heraus –
„Domm" hallt ein Schuß, und Reineke schlägt im roten
Laub ein Rad. Und dann ist plötzlich die Hölle los. Die
Hunde jauchzen, heulen, blaffen, ein Doppelschuß fällt in
der Flanke, und dann stürmt es durch die Buchen heran:
zwei, drei Überläufer flüchten ins Hochholz – „Peng –
buff" – eine Sau dreht sich im Kreise, rutscht in die Delle,
schlägt noch ein wenig mit den Läufen und liegt dann ganz
still.

Zehn Schüsse sind im Treiben gefallen, sechs Stück Wild
liegen auf der Strecke: eine Sau, drei Füchse, zwei Hasen.
Das zweite Treiben liefert wieder eine Sau, einen Fuchs,
zwei Krumme und eine Schnepfe. – Dann geht es ans
Frühstück. Die Erbsensuppe dampft, die Schinkenwurst
duftet, der Grogbecher kreist, Scherzworte fliegen hin und
her – aber dann bläst das Horn zum Aufbruch, zum dritten
und vierten Treiben geht's.

Die Sonne lacht über die bunten Berge, über das Altgold
der Eichen, über das warme Braun der Buchen, das flammende Rot der Wildkirschen, das Schwefelgelb der
Eschen, den Purpur der Brombeeren am Hag, sie leuchtet
über das dunkle Grün der Fichten und das Ockergelb der
Ahorne. Ich habe meinen Stand hoch oben am Hang, wo
der Blick weit, weit in die Lande schweift, hin bis zur
Homburg und den Sollinghöhen, über braune Acker-
stücke, grünende Saat und farbfrohe Dörfer, die wie Spiel-
zeugfiguren im weihrauchblauen Dunst der Ebene verteilt
sind. Ich bin so trunken von all der Farbenglut, daß ich den
Hasen verpasse, der neben mir aus der Buchenjugend fährt

–, und ich habe mich erst wieder ganz in der Gewalt, als der Ball der Hunde näher und näher auf mich zukommt und die Sau, schwarz wie der Satan, ins Altholz flüchtet. Da fasse ich sie vorn am Gebrech, lasse fliegen und sehe im Feuer, wie sie zusammenrutscht.

Das Treiben ist aus – „Jagd vorbei!" ruft das Horn. Ein schöner Jagdtag ist zu Ende, ein Hubertustag in Gold und Rot, in Silber und Blau, wie man ihn nicht alle Jahre erlebt. Und die Freude über diesen Tag leuchtet aus allen Gesichtern, und sie schwingt in uns nach, als wir den holprigen Ziehweg an der Höhe ins Tal hinabstolpern, zurück in die Stadt, in den Alltag.

Novemberabend im Bruch

Schwer und grau hängt der Himmel heute über der Heide und dem Bruche. Es ist überhaupt noch nicht richtig Tag geworden, obwohl die Mittagsstunde gerade eben vorüber ist. Grau schimmert der Wald, und selbst der Eichen braune Blätter könnten ihm heute keine rechten Farben geben –, grau glänzt der Spiegel der Wasserlachen auf den überschwemmten Wiesen – und grau ist das Gras am Wege, und grau sind der Birken sonst so leuchtende Stämme. November – Nebelmond –, heute macht er seinem Namen wirklich Ehre.

Langsam bummele ich, meinen Wachtel am Riemen, den Pirschweg am Flusse entlang, der mich durch das Eichenholz nach den Wiesen und von da ins Bruch bringt. Die Sauen haben hier in den letzten Tagen überall im Fallaub nach Eckern gesucht, allenthalben sieht man die Stellen, wo sie gebrochen haben. Sie stecken drüben im Bruche –, vielleicht glückt es, sie dort in der Dämmerung abzufassen, wenn sie sich anschicken, über die Wiesen nach den Schwarzen Kämpen zu wechseln. Viel Hoffnung habe ich ja nicht – doch in der Stube hinter dem Ofen kann man sie nicht schießen.

Eiskalt fährt mir der Wind ins Gesicht, als ich bei der Brücke aus dem schützenden Holze in die Wiesen trete. Es riecht nach Schnee – vielleicht könnte die Nacht die echte Neue bringen. Ein paar Krammetsvögel fliegen aus den kahlen Ebereschen, an denen hier und da noch ein paar Früchte hängen, über das Bruch; dünn und scharf dringt ihr Ruf zu mir herüber. Sonst aber ist kein Laut, kein Vogellied zu hören. Ich denke zurück an die Wochen im Wonnemond, als hier überall die goldenen Schwertlilien an den Gräben leuchteten, die zarten Kuckucksnelken einen rosa

Schleier über das Gras breiteten, weißes Schaumkraut und gelbe Butterblumen im Wiesengrün blühten und allenthalben die roten Rehe im langem Grase ästen. Kaum ein halbes Jahr ist seit dieser Zeit ins Land gegangen, und doch schaut heute alles so ganz, ganz anders aus!

Bald liegen die Wiesen hinter mir, und ich bin froh, wieder etwas Schutz vor dem eisigen Winde zu genießen. Über ein halbes Dutzend Gräben, randvoll von schwarzem Wasser, springe ich hinüber, um den Weg abzukürzen, schiebe mich durch einen Ellernhagen, der bis an die Beeke reicht, und bin dann auf einmal vor der Leiter, die hier, in eine mächtige Fichte mit tiefhängenden Ästen eingebaut, die Waldblöße im heimlichen Winkel und die Wiesen an der Beeke beherrscht. Am Fuße des Baumes findet der Wachtel im trockenen Genadel ein geschütztes Plätzchen – ich aber steige die Stufen hinauf und mache mir's droben bequem.

Ich liebe diesen Platz wie keinen zweiten im ganzen Revier. Man sitzt hier völlig gedeckt vor neugierigen Blicken und kann doch auf viele hundert Meter alles überschauen. Kein Stück Wild kann ungesehen aus irgendeinem der verschwiegenen Winkel des vielfach gewundenen Waldmantels in die Wiese treten. Wie oft saß ich hier im Sommer bei sinkender Sonne oder beim ersten Frührot! Hier schoß ich den heimlichen Bock, dort drüben warf meine Kugel den schnürenden Fuchs in seiner Spur zusammen, hier war es aber auch, wo ich das schwache Schmaltier, das ich beinahe mit der Mütze werfen konnte, elend vorbeischoß. Wie köstlich war das damals, als ich mir den scheuen Pirol zum Greifen nahe heranlockte, wie spannend waren die Augenblicke, als unter mir in der Beeke der Otter fischte! Ach, ich könnte allein ein Buch von dem schreiben, was ich hier schaute und erlebte!

Und heute? Ganz allein bin ich heute mit meinem Hunde im grauen, düsteren Novemberabend. Tot ist das Bruch, kein Laut ist zu hören, außer dem Fallen der Tropfen in der

Beeke und dem leisen Glucksen der Wellen. Wo ist das Wild geblieben, das hier seinen Einstand hat? Schiebt sich dort drüben nicht ein grauer Schatten über die Blöße? Das Glas sucht die Stelle ab – aber es zeigt mir nur grau-gelbe Gräser, fahles Schilf und kahles, schwarzgraues Gesträuch. Es wird von Minute zu Minute dunkler, so rasch, daß bald alle Farben – wenn man heute überhaupt von Farben reden kann –, in einem trüben Dunst zerfließen. Hat es überhaupt noch Zweck, hier zu hocken und zu passen? Ja. Ich will abbaumen und nach der warmen Hütte gehen, wo die Kameraden sicherlich schon eingetroffen sind und auf mich warten. Und mit raschem Entschluß greife ich nach Büchse und Rucksack, stehe auf und will gerade den Fuß auf die nächste Leitersprosse setzen –, da bricht ganz laut, in dieser Stille beinahe unheimlich laut, drüben im Bruchwald ein morscher Ast.

Nun muß ich doch noch bleiben! Angespannt lausche ich, denn deutlich dringt von drüben her der leise Laut ziehenden Wildes ans Ohr. Hochwild muß es schon sein, denn Rehe hört man bei diesem nassen Wetter, wo jedes Blatt am Boden feucht ist, wohl kaum. Ob es aber Sauen oder Rotwild sind –, das weiß ich noch nicht –, das m u ß ich aber wissen, wenn auch das Ansprechen kaum noch möglich und ans Schießen schon gar nicht mehr zu denken ist. Jetzt ist's drüben still – doch diese Stille kenne ich: das Stück verhofft am Bestandesrande, ehe es ins Freie tritt. Lange, lange muß ich warten, ehe wieder das leise „Tapp-Tapp" durch die Stille kommt, diesmal schon näher. Dann rauscht es im Schilf und raschelt im Gras, etwas Dunkles schiebt sich zwischen Gesträuch und verdorrtem Kraut am Buschwerk entlang: ein grobes Stück Schwarzwild, wahrscheinlich ein Keiler. „Der alte Anton!" fährt es mir durch den Sinn, der Eingänger, der in allen Revieren in der Runde bald hier, bald dort seine starke Fährte zieht, doch nie zu fassen ist. Heiliger Hubertus, warum schicktest du den Bassen nicht eine Viertelstunde früher! Leise hebe ich die

Waffe, aber grau in grau schimmert alles in den Linsen des Zielfernrohrs –, zwecklos wäre es, je unwaidmännisch, nun noch das Langblei hinüberzuschicken.

Langsam und leise schiebt sich die Sau über die Blöße, tritt in die Beeke, rumort dort eine ganze Zeit und verschwindet dann drüben wieder im Bruch. Ich aber steige leise, ganz leise und behutsam von meiner Leiter, nehme den Wachtel an den Riemen und taste mich durch das düstere Holz nach dem Damme, brenne mir dort die Pfeife an, lausche und schleiche dann den Weg entlang, bis ich wieder an den Wiesen bin. Novembernebel streicht mir kalt um Wangen und Schläfen, aber droben im Himmel blinkt – ich kann es kaum glauben – ein Stern, ein tröstliches Symbol der Hoffnung, daß der Morgen kein grauer Tag werden wird.

Ob ich es dann wohl noch einmal im heimlichen Winkel versuche?

Über der blitzenden Emmer

Es hat sich abgeregnet. Zwar stürmen die grauen Wolken immer noch wie ungebärdige Renner von Westen her über die Berge, aber hier und dort zeigt sich doch schon ein bißchen Blau zwischen dem Graugelb des Himmels, und wer weiß –, vielleicht wird dies doch noch ein schöner milder Novembertag. Im Walde geht es sich besser als auf den lehmigen, verschmierten Feldwegen, wo der Fuß bei jedem Schritt kleine Fürstentümer mitnimmt. Im nassen Laub läßt es sich unhörbar pürschen –, und so bekommt mich der alte Bock, der in seinem Bett mitten im hohen Altholz sitzt, erst weg, als ich – mit gutem Winde natürlich – auf vierzig Schritte heran bin. Seine Decke ist zwar schon wieder winterlich grau –, aber auf dem Haupte trägt er noch die stolze Wehr, die blitzende sechszackige Krone. Nur wenige Tage noch, und die starken Stangen werden auf einem seiner Wechsel ins tote rote Laub fallen –, vielleicht werden Mäuse und Eichkatzen ihre Freude daran haben und die Kraft ihrer scharfen Schneidezähne daran probieren, vielleicht aber wird der Herbststurm auch gar bald das Laub darüber decken. Aber das ist der Lauf der Welt. Der starke Bock jedoch wird schon um Weihnacht herum wieder mit lauscherhohen klobigen Bastkolben prahlen und prunken.

Auf dem Kahlschlag über dem steilen Hange bleibe ich stehen und schaue ins Land. Tief unten zieht sich durch braune und grüne Vierecke, an Hagen und Hecken vorbei der Emmer blitzendes Band. Denn die Sonne hat wahrhaftig eine Lücke gefunden, durch die sie ein Bündel goldener Strahlen just über das bunte Emmertal und die Waldwege rundherum wirft. Diese aber blühen und glühen im Braunrot der Buchenblätter wie Kupfer. Hangauf, hangab läuft das rote Feuer an den Flanken der Waldberge, und nur dort, wo der Fichten Genadel düstert, wird das Gluten und Glänzen vom dunklen Grün der Nadelhölzer verschluckt. Wie wundervoll ist doch in diesen Tagen das Land! Ich liebe den Buchenwald im ersten seidigen Grün der Maientage, ich mag ihn gern im Rauhreif des Vorwinters oder im heißen Glast der Mittsommerzeit –, aber das ist alles noch gar nichts gegen die Pracht dieser kurzen Herbstwochen zwischen Hubertus und Totenfest!

Eigentlich wollte ich heute ja viel weiter! Doch die Aussicht von dieser Höhe ist so herrlich, und die Sonne war so warm, daß ich mir einen alten Stuken suche und es mir dort bequem mache. Im Herbst muß man die Sonnenstunden mit beiden Händen festhalten! Wer weiß, ob beim nächsten Besuch noch auf diesen Waldhöhen das rote Feuer lodert! Und es gibt hier auf dem Kahlschlage ja auch mancherlei Kurzweil. Da blitzen zum Beispiel allenthalben die schwarzen Beeren der Tollkirschen. Ich liebe diese glänzenden lackschwarzen Früchte, wenn ich auch weiß, daß sie giftig sind und den Tod in sich tragen. Aber bei ihrem Anblick muß ich immer an jenes geheimnisvolle Frauenwesen denken, daß mir vor langen Jahren einmal drüben im Ith auf der Jagd über den Weg lief, braun, blondhaarig und barfuß und am Arme ein Körbchen, gefüllt mit den schwarzen Teufelsbeeren der Tollkirsche. Von irgendwo aus dem Walde kam sie, und irgendwo in den Buchendickungen verschwand sie auch später, nachdem sie mir zu einem guten Bocke verholfen hatte –, und noch heute weiß ich nicht, wer dieses seltsame Mädchen war.

Auf dem breiten Bergholderbusch sind ein paar Blutfinken eingefallen. Vornehm sehen die Hähnchen in ihren roten Prunkwesten und aschgrauen Röckchen aus; die Weibchen prahlen lange nicht so! Ihre schwermütigen Pfiffe passen so recht in diese Landschaft; sie sind aber lange Zeit auch die einzigen Laute in der Stille des Mittages. Erst ein Bussardschrei bringt nach geraumer Zeit eine neue Note in das Bild dieses Tages. Sonst sind sie alle stumm, die Lebewesen, die mir hier Gesellschaft leisten: Der Zaunkönig im Brombeerbusch, die schwarzröckige Amsel und die vielen Holztauben, die hinter mir im Altholz nach Bucheckern suchen.

Wolkenschatten huschen über die Berge. Ein leichter Wind macht sich auf; im wirbelnden Fluge taumeln tote rote Blätter zur Erde. Das ist ihr letzter Tanz; bald werden sie trocken und dürr mit Millionen ihresgleichen unter den Silberleibern ihrer Mütter am Boden liegen und nach Jahr und Tag im ewigen Kreislauf ihre Kräfte geben, damit sich neues Leben über ihnen im Sommerwind wiegt.

Nun ist auch von meinem Kahlschlag für einige Augenblicke die Sonne weggewandert. Wie da die Landschaft doch gleich ihr Gesicht geändert hat! Grau ist nun der Emmer breites Band, und braun, nicht kupferglänzend stehen die Buchenberge. Aber da ist die Sonne schon wieder! Warm und weich flutet das Licht aufs Neue über die Blöße, den grasigen Hang, die silbernen Buchen, die blanken Eschen und die windzerzausten Fichten am Kamme, und fröhlich nehme ich Abschied von dem bunten Bilde, das sich zu meinen Füßen breitet. Hab' ich doch wieder einmal dem grauen Alltag eine Sonnenstunde abgestohlen, eine Stunde, deren Licht mir für eine ganze lange Woche im Herzen leuchtet.

Der Waldschreck

Im Tiefental ist der Teufel los. Immer war dies die beste
Rehecke im Revier, still und ruhig ist es dort, und man
konnte zu jeder Tageszeit da Rehwild zu Gesicht bekommen. Vertraut äste das Wild an den Himbeeren und würzi-
gen Kräutern auf dem Schlage oder saß in den schütteren
Buchen und ließ sich von der lieben Sonne die Decke
bescheinen. Und wenn man zu irgend einer Gelegenheit
einmal einen Bock oder ein Schmalreh nötig hatte, so
brauchte man nur durch das Tiefental zu pürschen –, es
klappte immer.

Aber jetzt ist das anders. Die Rehe sind seit dem Herbst
wie weggeblasen. Wohl standen hin und wieder einmal ein
paar flüchtige Fährten auf den Wegen – aber das war doch
gar nichts gegen das, was man in früheren Zeiten etwa nach
einem Regen oder einer Neuen am Boden ablesen konnte.
Irgendetwas stimmte hier nicht. Sollte etwa gewildert werden? Dagegen sprachen die Fluchtfährten –, das müßte ein
dummer Wilddieb sein, der sich in einer solchen Wildkammer, wie sie das Tiefental war, die Rehe für immer ver-
grämte. Eine Mondnacht im November brachte des Rätsels
Lösung. Der Jagdherr saß oben am Hange, wo der beste
Wechsel vom Kamme in die Schlucht führte und wartete
auf die Sauen, die da seit einer Woche unter den Eichen
Nacht für Nacht gebrochen hatten. Die Sauen kamen nicht,
dafür aber keuchte gegen Mitternacht plötzlich ein Reh wie
von Furien gehetzt heran, dahinter sauste lautlos ein grauer
großer Schemen – ein riesiger Schäferhund. Ehe der Waid-
mann aber recht wußte, was eigentlich los war und die
Büchse an der Backe hatte, war der ganze Spuk schon
verschwunden –, drüben am Hange aber, weit weg, kün-

dete gleich danach ein markerschütterndes Klagen das Ende des Dramas.

Von Stund' an wurde die Parole ausgegeben: „Kein Schuß auf ein Stück Wild, ehe nicht der Waldschreck" – so tauften wir den Hund –, „zur Strecke ist". Und nun begann ein Passen und Lauern und Schleichen und Pürschen, als gälte es einem ganz seltenen Beutestück. Mochten die letzten Rehe aus dem Tiefental nun auch noch in die aschgraue Pechhütte gehetzt werden; der „Waldschreck" mußte her, koste es, was es wolle! –

Grau ist der Wintertag und diesig die Luft, als ich mich vorsichtig an die schwarze Fichtendickung, die das ganze untere Tal bedeckt, heranpürsche. Die Nacht ist nicht weit, nasser Schlackschnee deckt hier und dort das alte Laub unter den hohen Buchen vor der Dickung. Auf einem dieser Schneeflecke aber steht eine Spur, die mein Blut in Wallung bringt: das Trittsiegel eines großen Hundes ist es –, und es zeigt nach der Dickung, die schweigend und geheimnisvoll vor mir liegt. Geräuschlos richte ich mich hinter einem Wurfboden ein. Es tropft aus den alten Bäumen, es rieselt im Laub, es rinnt in den Wagengleisen des Weges, der vor mir in die schwarze Schlucht hineinführt. Gleichmäßig und einschläfernd ist dieses Geräusch –, aber ich darf jetzt nicht dusseln und dösen, mit wachen Sinnen muß ich jedes, aber auch das geringste Geräusch auffangen, das an mein Ohr dringt. Wie ein Raubtier komme ich mir vor, das ein anderes Raubtier überlisten will. Eine Viertelstunde vergeht –, ich habe Zeit. Noch eine lasse ich verrinnen –, dann aber hole ich die Quäke aus der Tasche, und jämmerlich tönt des Hasen Angstgeschrei durch den grauen, toten Wald. Ein Häher kreischt hinter mir auf, noch einer, ein dritter. – „Recht so!" denke ich grimmig, „so wirkt die Vorstellung wenigstens echt genug!"

Und wieder geht eine Viertelstunde in die Ewigkeit. Dunkler wird es schon in der Schlucht, düster in den Tannen am Hang. Einen Augenblick überkommt mich die Lust, durchs

Zielfernrohr zu schauen, ob ich noch abkommen kann. Aber eine innere Stimme warnt, mich unnötig zu bewegen –, und dann ist da auf dem nassen Schneeflecken die schwarze Spur – ein Mahnmal, mich nicht zu rühren.

Und das ist gut so!

Denn plötzlich steht da vor dem schwarzen Loche, vor der Schlucht, ein riesiger grauer Schatten. Prickelnd läuft es mir über den Rücken, und ein eigentümlicher seifiger Geschmack tritt mir auf die Zunge. Das ist ja Jagdfieber! Nur Ruhe, nur Ruhe jetzt, nicht rühren – um Gottes willen kein Glied rühren! Eine ganze Zeit steht der graue Schatten dort vor der finsteren Schlucht –, mich dünkt es eine Ewigkeit. Und das Licht wird von Minute zu Minute schlechter! Ein Stoßgebet schicke ich zu Hubertus hinauf – nur Licht, noch fünf Minuten Büchsenlicht!

Da kommt Leben in das Raubtier. Denn das ist kein Hund, kein treuer Waidgesell –, das ist ein Raubtier! „Wie ein Wolf schleicht er!" denke ich –, aber dann steigt mir die Büchse an die Backe, als der Räuber hinter den ersten Buchenstämmen verschwindet. Lautlos folgt die Mündung dem schleichenden Schatten, sucht das Fernrohr den grauen Körper zu fassen. Jetzt wird es weiß in den Linsen, schwarz hebt sich der Hund von dem hellen Schneefleck hinter ihm ab –, da peitscht der Schuß in den Abend hinaus –, donnernd wirft ihn das Echo von den Wänden zurück –, im Fernrohr aber sehe ich noch eben, wie sich der Hund nach der Flanke beißt und lautlos zusammensackt.

Mit einem seltsam befreienden Gefühl in der Brust trete ich an den „Waldschreck" heran. Weiß Gott, ist das ein Bursche! Kein Halsband kündet, woher er stammt, dick und dicht ist die graue Decke. Schade um den Kerl –, der unter dem wohltätigen Zwange eines richtigen Herrn sicher ein guter Gebrauchshund gewesen wäre. Aber dann schüttle ich alle weichen Gedanken von mir ab. Er mußte sterben –, von jetzt an werden die Rehe wieder Ruhe im Tiefental haben, denn der „Waldschreck" ist nicht mehr.

Vor dem Ruhhorn

Über Nacht hat es eine leichte Neue gegeben. Zwei Zentimeter Schnee sind nur gefallen, genug allerdings, um einmal wieder im großen aufgeschlagenen Buche der Natur zu lesen und festzustellen, was nun eigentlich alles im Revier los ist. Gleich nach Mittag bin ich darum schon aufgebrochen. Den Wolthäuser Weg geht es entlang, über die Brücke des Gailgrabens, vorbei an der „Tanzkanzel", hinein in die Heidhügel, die von hier aus am Moore entlang bis vor das Ruhhorn hinziehen. Gleich hinter der kleinen Ginsterblöße ist der Schnee zerfurcht – eine Menge Fährten stehen dort über den Weg –, also hat das Rudel Rotwild, das hier verkehrt, in der letzten Nacht wieder seinen alten Wechsel hin und zurück angenommen. Einen Augenblick bin ich willens, den Fährten zu folgen, um einmal festzustellen, woher dieses Rudel eigentlich kommt. Aber meine Zigarre sagt mir, daß ich da ganz schlechten Wind habe. Der Wind aber ist ein und alles beim Pürschen auf Hochwild. Die Tiere können ja gar nicht weit von hier in der Heide zwischen den Hügeln stehen –, komme ich da aber mit Nackenwind, so verderbe ich mehr als die Sache wert ist. Also schlage ich lieber einen Bogen und bummele, allerdings nur mit halbem Winde, durch die Heide nach der Kanzel, die im Moore vor dem Ruhhorn steht.

Ich hätte nicht so leichtsinnig sein sollen. Die Strafe für meine Gleichgültigkeit bekam ich sofort, als ich zwischen den letzten Furchen aus der Heide ins Moor trat. Ganz vorsichtig, Schritt vor Schritt, pürschte ich –, trotzdem hatte mich das alte Leittier, das mit seinem Rudel schon im Moore stand, natürlich sofort weg. Da hatte ich die Bescherung! Was half es nun, daß ich mich selbst einen Esel schalt! Wie der dümmste Anfänger war ich, nur um zehn Minuten Zeit zu sparen, mit halbem Winde nach meinem Ansitzplatz getapert. Da standen auf vierhundert Schritte die sieben Stücke, zwei Alttiere mit Kälbern, ein Schmaltier, ein Schmalspießer und ein Abschußhirsch, wie er sein muß, scheibenbreit in der langen Moorheide, alle Köpfe zu mir hingerichtet. Zwei Schritte wagte ich noch, da drehte das Leittier um und trollte ganz langsam in die Kiefernkusseln vor dem Ruhhorn; das ganze Rudel folgte dichtauf, und wie zum Hohne für mich, begannen die Stücke dort zu äsen. So schien es mir wenigstens –, aber das alte kluge Kopfstück des Rudels wollte mich natürlich nur in Sicherheit wiegen. Daß ich kein Zapfenpflücker oder Holzhauer war, hatte es natürlich längst erkannt. So saß ich die drei Stunden auf meiner Kanzel vergebens, und es war mir nur ein schwacher Trost, daß ein starker und ein geringer Bock, vier Ricken und ein Fuchs so nach und nach an mir vorbeiwechselten und zwei Birkhennen vor mir im Moore einfielen. Den Fuchs ließ ich laufen –, wer schießt einen Rotrock, wenn Rotwild in der Nähe steht? Auf dem Rückwege prasselte dann ein zweites Rudel aus einem Kiefernhorste vor mir fort, als ich schon dicht am Felde war –, und da war das Maß an Pech voll.

Heute morgen nun mache ich es anders. Stockdunkel ist die Winternacht, als ich um halb sechs Uhr aus dem Hause trete. Kein Stern leuchtet am Himmel. Schritt um Schritt muß ich mich am Gutspark entlangtasten, bis sich die Augen einigermaßen an die Finsternis gewöhnt haben. Der Schnee leuchtet kein bißchen. Aber der Wind ist gut, und das ist die Hauptsache. Stur weht er mir gerade ins Gesicht. Die Luft riecht nach Schnee; es wird heute wohl noch einen ganzen Packen davon geben. In der Horst heulen die Käuze. Ordentlich warm wird es mir unter der Weste, als ich nun auf dem Wolthäuser Wege rüstig fürbaß schreite. Jetzt kommt die zweite Krümmung, nun heißt es aufpassen. Tausend Schritte ohne Weg und Steg muß ich quer durch die Fuhrenheide bis vor das Moor am Ruhhorn: Bei

Tage sind diese tausend Schritte ein Kinderspiel. Da gibt es hier einen Wacholder, der als Wegzeichen dient und dort eine krumme Fuhre, dort eine kleine Blöße und drüben einen Stein, der mir Marke in der Heide ist. Jetzt bei Nacht fällt das alles weg. Nur auf meinen Richtungssinn bin ich angewiesen. So ungefähr, denke ich mir, muß dem Schiffer zumute gewesen sein, der in düsterer Nacht ohne Kompaß auf einen bestimmten Punkt der Küste lossteuert. Aber mein Richtsinn, der mich noch nie im Stiche ließ, bringt mich auch jetzt haargenau an den verwitterten Pfahl an der kleinen Blöße, wo ich halblinks durch den verwachsenen Holzabfuhrweg ins Moor komme. Aber Schweiß haben mich diese tausend Schritte doch gekostet. Wie warm ich bin, das merke ich erst, als ich glücklich und geborgen auf meiner Kanzel sitze. Die Wollweste ziehe ich an und den warmen Lodenmantel darüber – so, nun kann mir nichts mehr geschehen. Und als dann die Pfeife brennt, bin ich restlos zufrieden.

Sechsmal schlägt ganz weit weg irgendwo eine Uhr. So hellhörig ist die Nacht, daß der Schall der Töne über viele, viele Kilometer Heide, Moor und Holz zu mir herdringt. Sechs Uhr –, noch fast zwei Stunden währt es, bis das Büchsenlicht da ist. „Viel zu früh am Platze!" wird mancher denken –, aber wenn man auf Rotwild jagen will, ist es nie zu früh. Langsam schleichen die Minuten, die Viertelstunden. Ganz still, ohne mich nur ein bißchen zu rühren, hocke ich auf dem Schemel zwischen meinen vier Bretterwänden. Durch die offenen Luken streicht kühl der Nachtwind. Drüben, sich gegen den schwarzgrauen Himmel gerade noch abhebend, steht die dunkle Waldwand des Ruhhornes, düster, geheimnisvoll. Nun knickt und knackt es dort irgendwo. Ganz leise war der Ton, aber das aufs äußerste gespannte Ohr fängt auch das feinste Geräusch auf. Was mag das sein? Schlurfende Schritte schleichen unter mir im Moore. Grimbart, der Dachs, ist es, der hundert Gänge hinter mir im Hügelholz seine Burg hat und als vorsichtiger Herr schon jetzt zu Bau fährt.

Wieder mag eine Viertelstunde vergangen sein, da knackt und bricht es vor mir im Moor. Windeis splittert und kracht ganz laut. Das kann nur Rotwild sein! Mechanisch hebe ich mein Glas, aber gleich lasse ich es, das Zwecklose meines Tuns einsehend, wieder sinken. Im schwarzen Moor, wo das bißchen Schnee zwischen Bülten, Heide und Porst auf den Boden gefallen ist, kann mir auch das schärfste Nachtglas nicht helfen. Nur mein Ohr mag mich beraten –, und das sagt mir, daß dort unten ein einzelnes starkes Stück Wild ins Ruhhorn wechselt. Der alte Hirsch, der „ewige Achter" wird es sein, der im Herbste hier Nacht für Nacht im Moore schrie. Er und der alte Dachs, die beiden trauen dem Tage nicht. Das Ruhhorn ist wild, unwegsam und verschwiegen; was es einmal in seine schützenden Arme genommen, das ist sicher und geborgen. – Ein ganz klein wenig heller scheint es mir geworden zu sein. Wie lang ist doch solch eine Winternacht! Sechzehn lange Stunden sind es nun bald her, daß ich gestern diese Kanzel verließ. In sechzehn Stunden aber kann ein Stück Rotwild selbst in knapper Winterzeit sich so den Pansen voll äsen, daß es sich bei Tage gar nicht mehr zu zeigen braucht. Hat es unter diesen Umständen überhaupt einen Sinn, daß ich hier sitze? Aber da knackt und klirrt wieder das Eis im Moor. Auch das ist Rotwild, sagt mir mein Ohr. Im Osten graut es ab. Schon kann ich nun die einzelnen Fuhren vor meiner Kanzel erkennen – aber um ein Stück Wild auszumachen oder gar anzusprechen –, dazu ist es noch viel zu dunkel.

Und wieder ist nichts als Stille um mich her. Doch dann lockt drüben im Ruhhorn die erste Schackdrossel. Immer mehr fallen ein, ein ganzer Flug dieser Wacholderdrosseln muß dort genächtigt haben. Wieder ist ein Schatten unter mir, nein, zwei sind es. Rehe zeigt mir mein Glas jetzt. Rehe will ich ja gar nicht sehen –, Rotwild soll es sein. Aber das Rudel Rotwild ist nun schon längst ins Ruhhorn eingewechselt, und wieder einmal wie so oft war mein Passen vergebens.

Jetzt aber ist Büchsenlicht! Die Welt hat Farben bekommen! Graurot schimmert der Porst an der Moorbahn, dunkelgrün der Fuhrenmantel des Ruhhorns, schwarz und tot düstert aber immer noch das Moor. Mit dem Glase suche ich Strich für Strich der dunklen, von Minute zu Minute sich mehr aufhellenden Fläche ab. Und da fangen die scharfen Linsen drüben eine Bewegung auf: Rotwild!

Es ist dasselbe Rudel wie gestern. Nun fragt es sich nur, ob sie an meiner Kanzel vorbeiwechseln oder drüben einziehen. Aber das Leittier scheint seine eigenen Gedanken zu haben. Eine volle halbe Stunde äsen die Stücke mitten im Moore –, dann endlich geht die Reise weiter – auf dem anderen Wechsel! Einen Augenblick will der Unmut in mir aufsteigen, aber dann sage ich mir selbst zum Trost: „Wenn nicht, denn nicht! Auf ein andermal!" Einmal gewinne ich doch die Partie im Spiel – wie damals, als ich dem Stück drüben bei der Fuhre die Kugel antrug. Und frohen Herzens steige ich von meiner Kanzel. Es ist wohl alle Tage Jagdtag, aber nicht alle Tage Fangtag.

Letztes Leuchten im Dezember

Grau und diesig war es in der Frühdämmerung dieses Dezembertages, als der Freund mich abholte, graudiesig war es auch, als der Wagen auf der Walsroder Landstraße nach Norden brauste, aber als wir das große Holz hinter uns hatten, klarte es auf, und als wir im Bruche vor der Jagdhütte hielten, leuchtete goldene Sonne aus blauem Himmel.

Wir hielten uns nicht lange damit auf, erst Feuer zu machen, zu lüften und alle die anderen Dinge zu erledigen, die man nun einmal tun muß, wenn man ein paar Tage im Revier bleiben will. Dazu ist abends noch Zeit genug. Jetzt war es wichtig, so schnell wie möglich nach draußen zu kommen und den kurzen Vorwintertag restlos zu nutzen. Also packten wir nur rasch alles Überflüssige in die Hütte, schulterten die Gewehre und tauchten im Busch unter.

Weihnachtshasen wollten wir schießen. Hasen gibt's ja in diesem Jahr genug – aber im Bruche sind sie trotzdem rar. Busch und Moor sind nun einmal keine Hasenreviere. Es fehlt den Krummen hier an all dem, was sie gern haben. Ich glaube, daß die Hasen, die hier im Bruch und Moor ein karges Dasein führen, eine ganz besondere Rasse sind.

Mein Freund erklärte die Gefechtslage. „Hier drüben am Dornhagen vor Müllers Weide, sah ich im Sommer, wenn ich auf den Bock pürschte, immer zwei Krumme – einer sitzt in Hengstmanns Ellern; das muß ein ganz alter Rammler sein, der ist schon mindestens ein halb dutzendmal vorbeigeräuchert, und drüben", dabei beschreibt er mit dem Arm einen kilometergroßen Kreis, „im Moor gibt es noch fünf weitere ganz bestimmt!"

147

Wir trennten uns, ich ging mit meiner Hündin links ins Bruch, er mit seinem Rüden rechts. Karl holte im Bogen weit aus, um sich am großen Graben vorzustellen. Ich ließ mir Zeit. Ich muß gestehen – das letzte Leuchten dieses prachtvollen Tages im Heidemoor, dieser Wechsel vom Grün der Wiesen zum Gelb und Braun des Moores, vom leuchtenden Blau des hohen Himmels zum tiefen Violett der Heideflächen, war mir im Augenblick wichtiger als das Jagen. Und beinahe hätte ich über dem Schauen das Schießen vergessen, als nämlich meine Hündin aus dem Hagen an Müllers Weide tatsächlich einen der „zwei Krummen" herausstieß und mir vor die Läufe brachte. Es glückte noch grade, ihn zu fassen, als er in Renkens Tannen verschwinden wollte und ich hing ihn gleich in die Fuhre, damit ich ihn nicht zu schleppen brauchte. Und dann genehmigte ich mir einen Korn, und dachte dabei an meinen lieben alten Jagdfreund Meyer, den „Chef" der Westenholzer Bruchjagd, der diesen schönen Brauch einführte: Wer einen Hasen sah und das durch Zeugen oder mit eidesstattlicher Versicherung belegen konnte, bekam einen Schnaps, wer einen Krummen schoß, erhielt zwei Schnäpse und zwei Patronen – schoß er in einem Winter aber gar drei Löffelmänner, so durfte er den dritten behalten . . . Das ist in 25 Jagdzeiten nur dreimal vorgekommen, und mehr als sechs Hasen kamen in diesem Revier, das jährlich drei Hirsche, neun Stück Kahlwild, zehn Sauen und über 40 Stück Rehwild lieferte, nie in einem Jahre zur Strecke.

Bei meinem Freunde hatte es zweimal geknallt, und tatsächlich legte er am Treffpunkt auch zwei Hasen zur Strecke. Und weil das ein wirklich bemerkenswertes Ereignis war, trank er zwei Schnäpse und ich aus Sympathie ebenfalls zwei.

Und dann jagten wir weiter. Wir lieferten tatsächlich jeder noch einen Krummen, ehe wir uns in der hohen Heide ansetzten, um noch Rehwild zu schießen. Für mich war dieser Ansitz ein hohes Fest.

Lange Zeit konnte ich einem großen Grauwürger zuschauen, der am Moordamm anscheinend auf Mäuse lauerte; denn etwas anderes gab's dort nicht. Dann sah ich ein Volk Hühner in der hohen Heide, einen alten schwarzen Bock mit ganz krummen Stangen, sieben andere Rehe, einen Fuchs und zuletzt erst zwei ganz alte und dann fünf junge Birkhähne, die mit sausendem Flügelschlag irgendwo hinten in der Heide im Glühen eines rotgoldenen Sonnenunterganges verschwanden, während hoch oben über mir zwei Reiher nach Norden der Aller zustrebten. Das schönste Erlebnis für mich aber war ein Flötenkonzert ziehender Regenpfeifer im samtblauen Nachthimmel – wie ein Märchen schien es mir zu sein: ziehende Regenpfeifer im Dezember. Und ich hörte noch lange ihr wundervolles Flöten, als ich im Sternenschein mit meiner Hündin durchs nächtliche Bruch der Hütte zustrebte.

Jägerweihnacht im Heidebruch

Jahrelang habe ich die Weihnachtstage nicht im Hause, sondern in der Hütte im Heidebruch verlebt und jedesmal war diese Weihnacht ein Erlebnis eigener Art. Gewöhnlich kamen wir schon zwei Tage vor dem Heiligen Abend ins Revier. Zunächst wurden Tür und Fenster der Hütte – ganz gleich, was für Wetter war – weit geöffnet, und im Kachelofen, der alle vier Räume heizte, wurde ein mächtiges Feuer entfacht, das in kurzer Zeit die feuchte Luft aus den Räumen vertrieb. Erst dann, wenn es richtig warm in der Hütte wurde, schlossen wir Tür und Fenster. Richtig mollig wurde es aber erst, wenn der mit Lehm bestrichene Ofen zwei Tage lang durchgeheizt hatte.

Einer von uns Jägern hatte Hüttendienst. Er hatte den Ofen zu versorgen. Wasser zu kochen, Kartoffeln zu schälen, auszufegen, Betten zu lüften und alles das zu verrichten, was eine Hütte richtig wohnlich macht. Ich habe es in all den fünfundzwanzig Jahren, die ich jagend im Bruch verbrachte, nie erlebt, daß sich jemand dem Hüttendienst nicht freudig unterzog. Hüttendienst war Ehrendienst und Ehrensache!

Am 23. Dezember setzte der Jagdherr eine kleine Stokeljagd an. Hasen gab es kaum im Bruche, dazu war der Boden zu kalt und zu naß. Aber zwei oder drei Füchse kamen immer zur Strecke, manchmal eine Schnepfe, eine Taube oder ein Birkhahn, den man in jenen Jahren noch im Herbst schießen durfte. Hin und wieder wurde auch ein Stück Rehwild erlegt, zweimal im Laufe der Jahre auch eine Sau.

Am Heiligen Abend selbst wurde nie gejagt, nur die Fütterungen wurden beschickt. „Auch das Wild soll wissen, daß es Weihnacht ist!" pflegte unser gütiger Jagdherr zu sagen. Auch am ersten Weihnachtstage durfte nicht geschossen werden. Erst am zweiten Festtage war die stille Pirsch erlaubt, und sie brachte mir selbst einmal einen alten Abschußhirsch.

Feierlich war es in der Hütte am Heiligen Abend. Wenn es dämmerte, wurden an der Fichte, die vor unserer Hütte wuchs, die Kerzen angezündet, die der „Hüttendienst" tagsüber aufzustecken hatte. Wir alle saßen auf unseren Jagdstühlen um den lebenden Weihnachtsbaum herum, der Jagdherr sprach ein paar Worte, und einer von uns stimmte die alte Weise an: „Es ist ein Ros' entsprungen!" Dann aber saßen wir, bis die Kerzen eine nach der anderen verlöschten und hingen den Gedanken nach, die in die Vergangenheit zurückgingen. An die Weidgesellen dachten wir, die vor Jahr und Tag mit uns hier im Bruche jagten und fröhlich waren, die aber nun längst den ewigen Schlaf schliefen. Und das letzte Jahr mit all seinen Erlebnissen und Weidmannsfreuden zog noch einmal an uns vorüber. Den schönsten Heiligabend im Bruche aber erlebte ich in jenem Jahr, als auf der Wiese vor der Hütte im hellen Mondenschein – wir schrieben Vollmond im Kalender – ein starker Hirsch über die Wiese wechselte, kurz verhoffte, wahrscheinlich geblendet vom Schein der Kerzen, und dann im verschneiten Bruchwald verschwand.

Erst wenn das letzte Lichtlein am Baum verlöscht war, kehrten wir in die Hütte zurück, wo uns wohlige Wärme, gemischt mit dem Duft brutzelnder Äpfel und köstlichen Zuckerkuchens, den uns die Jagdherrin bescherte, empfing. Manches Weihnachtsfest habe ich im Laufe der Jahre mitten im Trubel der Stadt erlebt, aber keines hat in mir solch nachhaltigen Eindruck hinterlassen, wie die Heiligen Abende, die ich, weitab von den Menschen, im einsamen, wilden Bruche verbrachte.

Der Silvesterfuchs

In der Woche zwischen Weihnacht und Altjahresende hatte es etwas geschneit. Eine leichte „Neue" deckte kaum zwei Zentimeter hoch Wiesen, Weiden und Wege. Im Walde hingegen war in den alten Fichtenbeständen der Boden noch offen, und auch in den Dickungen gab es zwischen Gras, Heidekraut und Jungfichten noch genügend schneefreie Stellen. Dazu schien an den letzten Tagen im alten Jahre die Sonne vom tiefblauen Himmel, – nachts aber war Mondschein, der Vollmond fiel gerade auf den Neujahrstag.

Das war also ein Jagdwetter, wie wir es uns besser und schöner gar nicht denken konnten. Wir nutzten es auch gründlich aus, stöberten einen Tag in der Fuhrenheide vor dem Dorfe auf Hasen und drückten am 30. Dezember auf Sauen im Bruche, weil Peetz-Hermann, dem der Grund und Boden, auf dem unsere Jagdhütte stand, gehörte, dort in Kasbeeks Moor eine Rotte eingekreist hatte. Leider bekamen wir kein Stück, weil wir mit vier Büchsen zu wenig Schützen waren und die Schwarzkittel sich gerade dort aus der Porstdickung drückten, wo niemand stand.

Am Silvestertage konnte jeder tun und lassen, was er wollte. Beim Einbruch der Dämmerung – das war ungeschriebenes Gesetz – mußte jeder in der Hütte bleiben. Von hier ging es gemeinsam nach dem einsamen Haidekrug, wo schon am frühen Nachmittage ein fünfzigpfündiges Spanferkel im Backofen brutzelte. Nach dem Frühstück bummelte ich, den alten Wachtelrüden am linken Knie, den Moordamm entlang in die Wiesen am Flüßchen. Das war um diese Zeit und bei diesem Wetter ein rechter

Tummelplatz für die Füchse. Zwei oder drei Rotröcke sah man auf der großen Fläche, die von Feldhölzern, Hecken und Schilflöchern unterbrochen war, eigentlich immer, manchmal aber auch ein halbes Dutzend, vor allem in der Ranzzeit.

Als ich vorsichtig durch das Laubholz an den Wiesenrand pirschte, sah ich richtig auch schon den ersten roten Schelm. Ein prächtiges Bild: Der dunkelrote Rüde mit seinem weißen Brustlatz. Aufmerksam sichernd saß er mitten in Düwels Wiese, bald hierher, bald dorthin wanderte der Blick. Jetzt drückte er sich, schob sich ganz niedrig nach rechts, verhoffte stocksteif – nur die buschige Lunte zuckte ein wenig –, bog sich dann mit dem ganzen Körper zurück und sprang, wie von einer Bogensehne geschleudert, nach vorn, die Maus mit den Vorderläufen greifend. Ein paar hastige Kaubewegungen, – und die Beute war verschlungen.

Das alles schaute ich mit meinem achtfachen Glase und überlegte, wie ich dem Roten beikommen konnte. Von meinem Platze waren es bestimmt 400 Schritte bis dahin, wo der Fuchs nun wieder auf den Keulen saß, also auch für den Kugelschuß zu weit. Nach rechts konnte ich auf dem Wege nicht weiter, da gab's keine ausreichende Deckung. Nach links konnte ich zwar am Rande des Lohholzes gut gedeckt weiterpirschen, aber von da stand der Wind stur auf die Wiese. Also zunächst einmal warten.

Aber ich brauchte nicht lange zu warten; denn plötzlich flüchtete Reineke mit wehender Standarte über die Wiese ins Lohholz. Was war geschehen? Lütjens Grete kam den Weg vor mir entlang, einen dicken Buschen Porst unter dem Arm. Als sie mich sah, hielt sie an, und auf meinen fragenden Blick sagte sie: „Ick heww man üben 'n bäten Post haolt, in de warmen Stuw bleiht de bald, un dat ruckt so schön!", und schon war sie an mir vorbei in Richtung des Dorfes.

Ich aber machte nun einen großen Bogen; denn ich wußte aus Erfahrung, daß Reineke bald wieder auftauchen wird. Dieser Fuchs war nicht vergrämt, er war nur verscheucht. Und ich mußte mir irgendwo am gegenüberliegenden Rande von Düwels Wiesen unter dem Winde einen passenden Platz suchen, wo ich den Roten erwarten konnte.

Dieser Platz war rasch gefunden. Eine Knüppelfuhre bot sich als Schirm geradezu an. Rasch ein paar Zweige weggenommen und an passender Stelle wieder eingeflochten, ein bißchen Heidekraut und einige Büschel trockenes Gras dazwischen und schon war mein Schirm tadellos verblendet. Reineke aber ließ sich Zeit. Und dann traten nacheinander sieben Stück Rehwild drüben aus dem Lohholz in die Wiese, nahmen hier einen Halm, dort eine Rispe aus dem Schnee und zogen dann rechts an mir vorbei mit dem Winde, wie es Rehwild abends so gern macht, nach dem Moore.

Plötzlich war die alte Ricke, die den Sprung führte, auf und äugte zurück nach dem Waldrande. Auch die anderen sechs Rehe nahmen das Haupt hoch. Was war da los? Aha – da war ja mein Füchslein wieder! Ganz gemächlich schnürte der Rüde in die Wiese hinein, bis auf dieselbe Stelle, wo er vorhin die Maus erwischt hatte, setzte sich auf die Keulen und beobachtete aufmerksam die Fläche rundum.

Leise legte ich den Drilling in eine Astgabel vor mir und entsicherte. Für den Kugelschuß war es auch von mir bis zum Fuchs zu weit. Also hob ich die linke Hand an den Mund, ballte sie und blies zwischen Daumen und Zeigefinger in die Höhle: O weh – o weh – oh weih!" klang es laut und klagend durch die Stille. Mein Reineke aber drehte sich, wie von der Bremse gestochen, herum und kam in langen federnden Sprüngen auf mich zu, dahin, wo soeben ein Has' im Todeskampf geklagt hatte.

Dreißig Schritte vor mir verhoffte der Rote jählings – vielleicht hatte ich eine unvorsichtige Bewegung gemacht –, dann warf er sich herum. Aber da faßten ihn die Schrote, im Knall überschlug er sich, kam auf die Läufe, wollte zurück, aber da hatte ihn mein Wachtel schon angepackt. Ein Keckern, ein Knurren, ein Schleudern, ein Schütteln, dann war's aus. Stolz brachte mir mein Wachtel die Beute, meinen Silvesterfuchs.

Als ich durch die Wiehen nach der Hütte zurückging, läuteten von allen Kirchen rund um das Bruch die Glocken den Altjahresabend ein.

An der Oertzebrücke

Der Mond steht im ersten Viertel. Wolken verdecken ihn freilich, so daß man ihn nur zeitweilig zu sehen bekommt, aber er gibt doch so viel Licht, daß man mit Schrot bequem schießen und mit dem Glase so weit sehen kann, wie es nötig ist. Als die Dämmerung hinter dem Ruhhorn aufstieg und in der Horst der Waldkauz zum ersten Male juchte, habe ich mich an der Brücke auf die Bank gesetzt, gut eingepackt und die Füße tief im Strohsack vergraben.

Beim Pürschen am Tage habe ich überall der Füchse Spuren am Oertzeufer gefunden. Auch einen Iltis spürte ich zeitweilig. Alle Spuren aber und auch die Fährten von Rot- und Rehwild führten auf der Brücke zusammen, die als einziger Flußübergang auf viele Kilometer stromauf und stromab einen richtigen Zwangspaß bildet.

Wie schwarze Wände stehen die Wälder schweigend über dem weiten Wiesental. Im Dorfe fernab blafft ein Hund. Dies und das Gurgeln und Glucksen des Wassers vor der Brücke sind die einzigen Laute in der Winternacht.

Ich liebe sie über alles, diese schweigenden Nächte. Wie oft habe ich sie schon ausgekostet, wie manches Geheimnis haben sie mir schon offenbart! Und wenn es auch Stunden gab, wo man zeitweilig nichts zu schauen bekam, so war doch das Bewußtsein, einmal ganz allein zu sein, schon Gewinn genug. Ich weiß wohl, was ich tat, wenn ich – während die andern ins warme Bett krochen – mutterseelenallein hinausging in die sternklare Vollmondnacht. Ganz allein bin ich allerdings heute nicht. Meine Wachtelhündin hat sich neben mir auf der Bank auf einem Sack mit Heu zusammengekuschelt. So wärmen wir uns gegenseitig, und ich habe die treue Alte gleich zur Hand, wenn ich sie brauche.

Drüben vor dem Holze sind drei Rehe ausgetreten. Ansprechen kann ich sie nicht, aber es wird wohl die alte

Ricke mit ihren beiden Kitzen sein, die hier ihren Stand haben. Sie äsen die Eckern, die dort Häher und Mäuse im toten Laub vergaßen. Jetzt werfen sie auf, denn im Flusse rauscht und plantscht es. Aber gleich beruhigen sie sich wieder; es war nur ein Schof Enten, das dort eingefallen ist. Auch über die Brücke klingelt ein Schof hinweg, und auf einmal ist die Luft überall erfüllt vom Singen stahlharter Schwingen. Der Entenzug ist im Gange. Nur dann und wann, wenn ein paar der Langhälse ganz dicht über mich wegstreifen, sehe ich die dunklen Schatten.

So rasch wie der Zug einsetzte, so schnell flaut er auch ab. Nur ab und zu sausen noch ein paar Nachzügler über mich weg. Dafür aber paaken nun überall im Wasser die alten Erpel. Sie erzählen sich allerlei in ihrer Sprache, und das leise „Brät, Brät" dazwischen verrät, daß nun das Entenvolk restlos zufrieden ist.

Wieder jucht drüben in den schwarzen Fichten der Kauz. „Hu – huhuhu – huuu" klingt es, und nach kurzer Weile kommt aus den Tannen im „Süßen Winkel" die Antwort. Für die Käuze ist jetzt „Hohe Zeit"; sie feiern ihr Minnefest.

Jetzt aber warnt drüben am Strämel ein Erpel durchdringend und laut, und gleich darauf rauscht sein Schof aus der Flut in die Nacht hinaus. Der Fuchs? Mit dem Glase suche ich die Wiese am Flusse ab – aber kein langer schwarzer Strich ist zu entdecken.

Doch dann pfeift es da hinten im Wasser, und da weiß ich auf einmal, was die Enten zu eiliger Flucht trieb: ein Otter muß es sein, der dort in der Flut jagt.

Ein Otter! Wenige Jäger gibt es nur, die dieses seltene Raubwild jemals in freier Wildbahn zu Gesicht bekamen. Und in rascher Folge ziehen die Bilder an mir vorüber, wo es mir vergönnt war, den edlen Raubfischer zu beobachten: Drüben am Bruchbach war's, wo ich ihm zuletzt begegnete, zur Zeit, als die Hirsche schrien. Da hatte ich mich mit verletztem Arm, kaum aus dem Krankenhaus entlassen, auf die Kanzel hinaufgequält, als plötzlich unter mir im Bache ein Plätschern und Rauschen und leises Pfeifen erklang, so daß ich im ersten Augenblicke an Jungenten dachte. Da aber wurde ich rasch eines anderen belehrt: ein runder Kopf tauchte in der Strömung auf, verschwand jäh, war wieder da und gleich zum andernmal weg. Dann aber waren gleich drei an derselben Stelle, und da wußte ich, was ich vor mir hatte: eine Otterfähe mit ihren beiden Jungen. Und was ich dann schaute, ließ mein Herz schneller schlagen: mit einer Gewandtheit, die schwer zu beschreiben ist, spielten und schwammen und glitten die aalglatten glänzenden Körper durch die Flut, so daß man kaum den raschen Bewegungen folgen konnte. Die drei waren auch noch da, als ich von meiner Kanzel geklettert war und mich leise ans Ufer gepürscht hatte. Ja, auf einmal saß die Fähe dicht vor mir am Ufer und fauchte meinen Dackel an, der böse knurrend am Riemen lag und sich am liebsten auf das rätselhafte Tier gestürzt hätte. – Und dann war der ganze Spuk wie weggeblasen, aber noch einmal, bei der alten Knüppelbrücke, kam ich an jenem Abend an die Familie heran.

An alles das und an die Vollmondnächte an der Aue zwischen Blumenau und Wunstorf, wo ich stundenlang auf das edle Wild paßte, muß ich nun denken. Und da wird mein Hund auf einmal hoch, denn unter der Brücke zieht ein silberner Streifen mit einem dunklen Kopf an der Spitze stromauf, ein lautes Klatschen, ein Wirbeln im Wasser, ein Strudeln und Schäumen – und wieder nur gurgeln und glucksen die Wellen ihr eintönig Lied.

Das war der Otter! Noch eine ganze Stunde halte ich aus – doch vergebens! Kein Silberstreifen glitzert im Strom, kein Pfeifen ertönt. Nur einmal noch warnen weit weg hinterm Gutspark die Enten. Da stehe ich auf, packe meine Sachen zusammen und pürsche nach dem Dorfe. Morgen früh will ich wieder die Oertze abspüren, um zu sehen, ob der edle Fischer irgendwo mit seiner schuppigen Beute ans Ufer gestiegen ist.

Lesespaß mit Landbuch

Jagderlebnisse spannend erzählt

Christian Oehlschläger
Seltene Beute
168 S., 10 S/W-Zchg.,
14×21,5 cm, geb.
29,80 DM

Daß Sieg und Niederlage oft dicht beieinander liegen, ist eine alte Weisheit. In 15 heiteren Jagdkurzgeschichten müssen die sympathischen Antihelden das immer wieder feststellen. Der Leser wird schmunzeln, aber nicht aus Schadenfreude, denn die Figuren dieser Kurzgeschichten werden nie der Lächerlichkeit preisgegeben.

Landbuch-Verlag GmbH · Postfach 160 · 3000 Hannover 1